JN116567

クロスステッチでつむぐ
懐かしい子ども時代

フランスのレトロでかわいい
図案130点

g

Douce enfance au point de croix
by Perrette Samouïloff

Direction : Guillaume Pô
Direction éditoriale : Tatiana Delesalle
Édition : Estelle Hamm
Direction artistique : Chloé Eve assistée d'Ambrine Angaud
Mise en pages : Lucile Jouret
Photographies : Fabrice Besse
Stylisme : Sonia Roy

First published in France in 2021 by Éditions Mango
© Éditions Mango
57 rue Gaston Tessier – 75019 Paris, France
Dépôt légal : août 2022

This Japanese edition was published in Japan in 2024
by Graphic-sha Publishing Co., Ltd.
1-14-17 Kudanshita, Chiyoda-ku, Tokyo 102-0073, Japan
Tel: 03-3263-4318

All rights reserved. No part of this publication
may be reproduced, stored in a retrieval system, or
transmitted in any form or by any means, electronic,
mechanical, photocopying, or otherwise, without the
prior permission of the publisher.

Printed and bound in Japan

Sommaire もくじ

フランスのわらべ歌 & 童謡

ママが子どもをあやしたり、寝かしつけるときに歌う子守歌や、歌いながら数を覚える数え歌、遊びながら口ずさむ遊び歌など、やさしいメロディーと心地よいリズムのわらべ歌や童謡は、日々の暮らしの中で歌い継がれてきました。フランス人の心のふるさとをモチーフにした刺しゅうをステッチすれば、きっと懐かしい気持ちになるはずです。

Maman
les p'tits bateaux
qui vont sur l'eau
ont ils des jambes ?

わらべ歌＆童謡の歌詞

〜ステッチの参考に！〜

チャートp.8-9
「1，2，3，allons dans les bois（1，2，3，森へ行きましょう）」より

アン・ドゥー・トロワ アロン・ダン・レ・ボワ
1 2 3 Allons dans les bois!

アン　ドゥ　トロワ 森へ行きましょう！
1 、2 、3 森へ行きましょう！

キャトル・サンク・シス キュイイール・デ・スリーズ
4 5 6 Cueillir des cerises…

キャトル　サンク　シス さくらんぼを摘みに……
4 、5 、6 さくらんぼを摘みに……

チャートp.10-11
「Alouette, Gentille Alouette（かわいいヒバリさん）」より

アルエット・ジョンティ・アルエット
Alouette, gentille alouette,

ヒバリさん、かわいいヒバリさん

アルエット ジュ・トゥ・プリュムレ
Alouette, je te plumerai.

ヒバリさん 羽をむしりましょう

ジュ・トゥ・プリュムレ・ル・ベック
je te plumerai le bec,

くちばしの羽をむしりましょう

エ・ル・ベック エ・ル・ベック
et le bec, et le bec,

それからくちばし それからくちばし

アルエット アルエット ア ア ア ア
Alouette, alouette! ah! ah! ah! ah!

ヒバリさん、ヒバリさん！ ああ！ ああ！ ああ！ ああ！

チャートp.12-13
「Au clair de la lune（月の光に）」より

オ・クレール・ドゥ・ラ・リュンヌ モ・ナミ・ピ エ ロ
Au clair de la lune, mon ami Pierrot,

月の光のもと わが友ピエロよ

プレット＝モワ・タ・プリュム・プール・エクリール・アン・モ
prête-moi ta plume pour écrire un mot.

ペンを貸しておくれ 手紙を書きたいんだ

マ・シャンデル・エ・モルト ジュ・ネ・プリュ・ドゥ・フー
Ma chandelle est morte, je n'ai plus de feu,

ろうそくは消えてしまい 明かりがもうないんだ

ウーヴル＝モワ・タ・ポルト プール・ラムール・ドゥ・デュー
ouvre-moi ta porte, pour l'amour de Dieu.

どうか扉を開けておくれ お願いだから

チャートp.14-15
「Il court il court, le furet（走るよ、走るよ、イタチさん）」より

イル・クール イル・クール ル・フュレ
Il court, Il court, le furet,

走るよ、走るよ、イタチさん

ル・フュレ・デュ・ボワ メダム
le furet du bois, mesdames

森のイタチだ、ご婦人方

イル・クール イル・クール ル・フュレ
Il court, Il court, le furet,

走るよ、走るよ、イタチさん

ル・フュレ・デュ・ボワ・ジョリ
le furet du bois joli.

豊かな森の イタチさん

チャート p.16-17

「Il pleut, il pleut, bergère（雨だよ、雨だよ、羊飼いの娘さん）」より

イル・プル イル・プル ベルジェール
Il pleut, il pleut, bergère.　　　　　　　雨だよ、雨だよ、羊飼いの娘さん

プレス・テ・ブラン・ムトン
Presse tes blancs moutons,　　　　　　　白い羊たちを 急かしなさい

アロン・ス・マ・ショミエール
allons sous ma chaumière,　　　　　　　わらぶきのお家に お入りなさい

ベルジェール ヴィット アロン
bergère, vite, allons…　　　　　　　　　羊飼いの娘さん、さあさあ 急いで…

チャート p.18-19

「Maman les p'tits bateaux（ママ、小さなお船が）」より

ママン・レ・プティ・バトー
Maman les p'tits bateaux　　　　　　　ママ、小さなお船は

キ・ヴォン・シュール・ロー
qui vont sur l'eau,　　　　　　　　　　水の上を スイスイと進むけど

オン＝ティル・デ・ジャンブ
ont-ils des jambes ?　　　　　　　　　あんよが はえているのかな？

チャート p.20-21

「Sur le pont d'Avignon（アヴィニョンの橋の上で）」より

シュル・ル・ポン・ダヴィニョン
Sur le pont d'Avignon,　　　　　　　　アヴィニョンの橋の上で

ロン・ニ・ドンス ロン・ニ・ドンス
l'on y dense, l'on y dense,　　　　　　踊るよ 踊るよ

シュル・ル・ポン・ダヴィニョン
sur le pont d'Avignon,　　　　　　　　アヴィニョンの橋の上で

ロン・ニ・ドンス トゥソン・ロン
l'on y dense, tous en rond.　　　　　踊るよ 輪になって

レ・ボー・メッシュー・フォン・コム・サ
les beaux messieurs font comme ça,　　立派な紳士は こんなふうに

エ・ビュイ・オンコール・コム・サ
et puis encore comme ça.　　　　　　それからまた こんなふうに

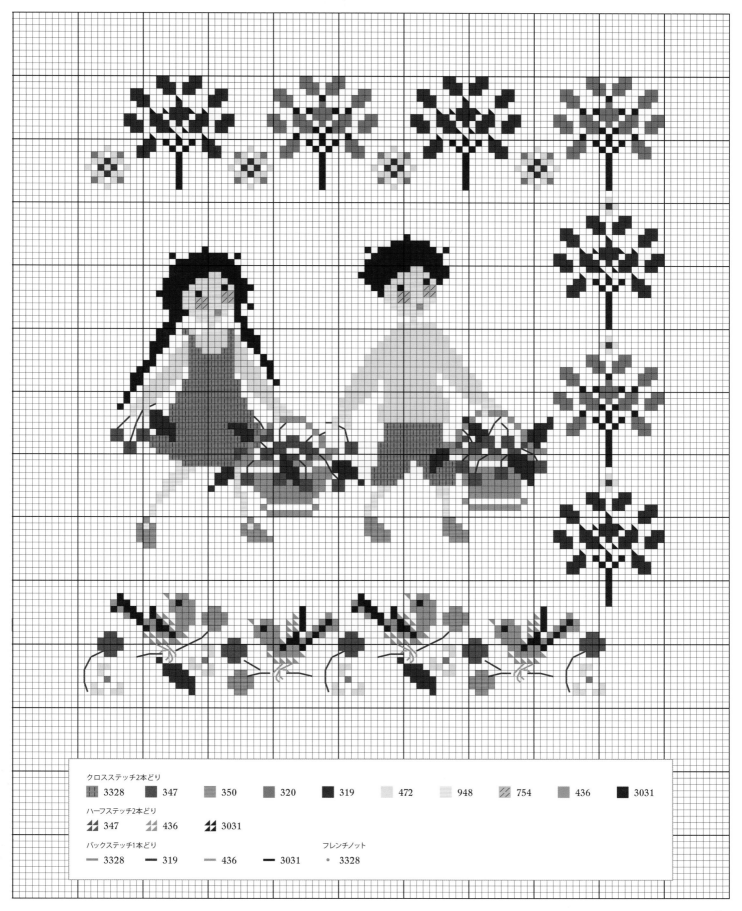

クロスステッチ2本どり
3328 347 350 320 319 472 948 754 436 3031

ハーフステッチ2本どり
347 436 3031

バックステッチ1本どり
— 3328 — 319 — 436 — 3031

フレンチノット
・ 3328

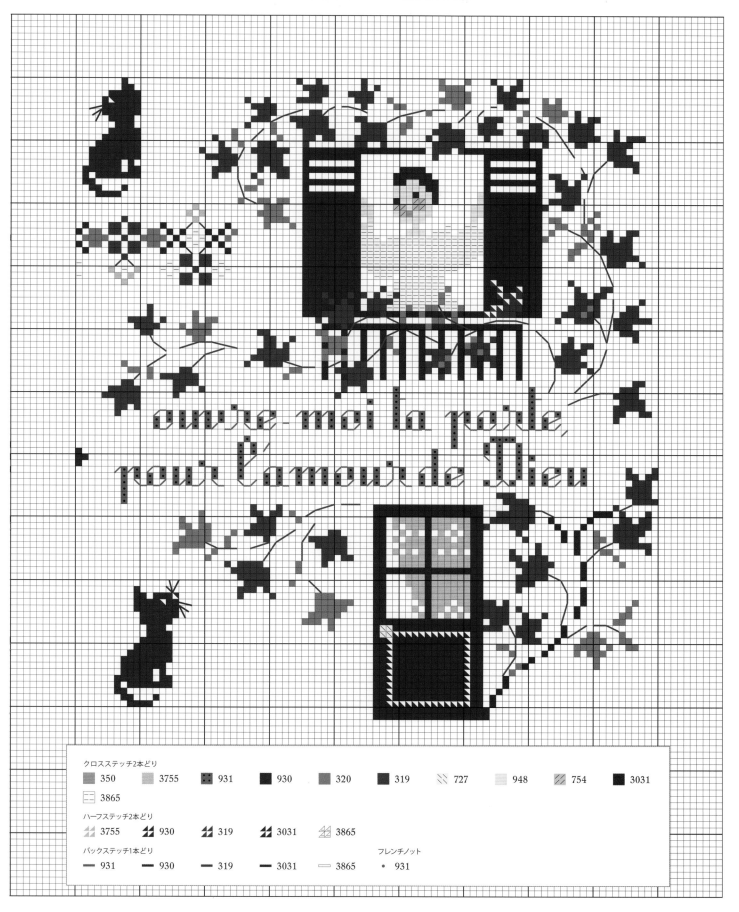

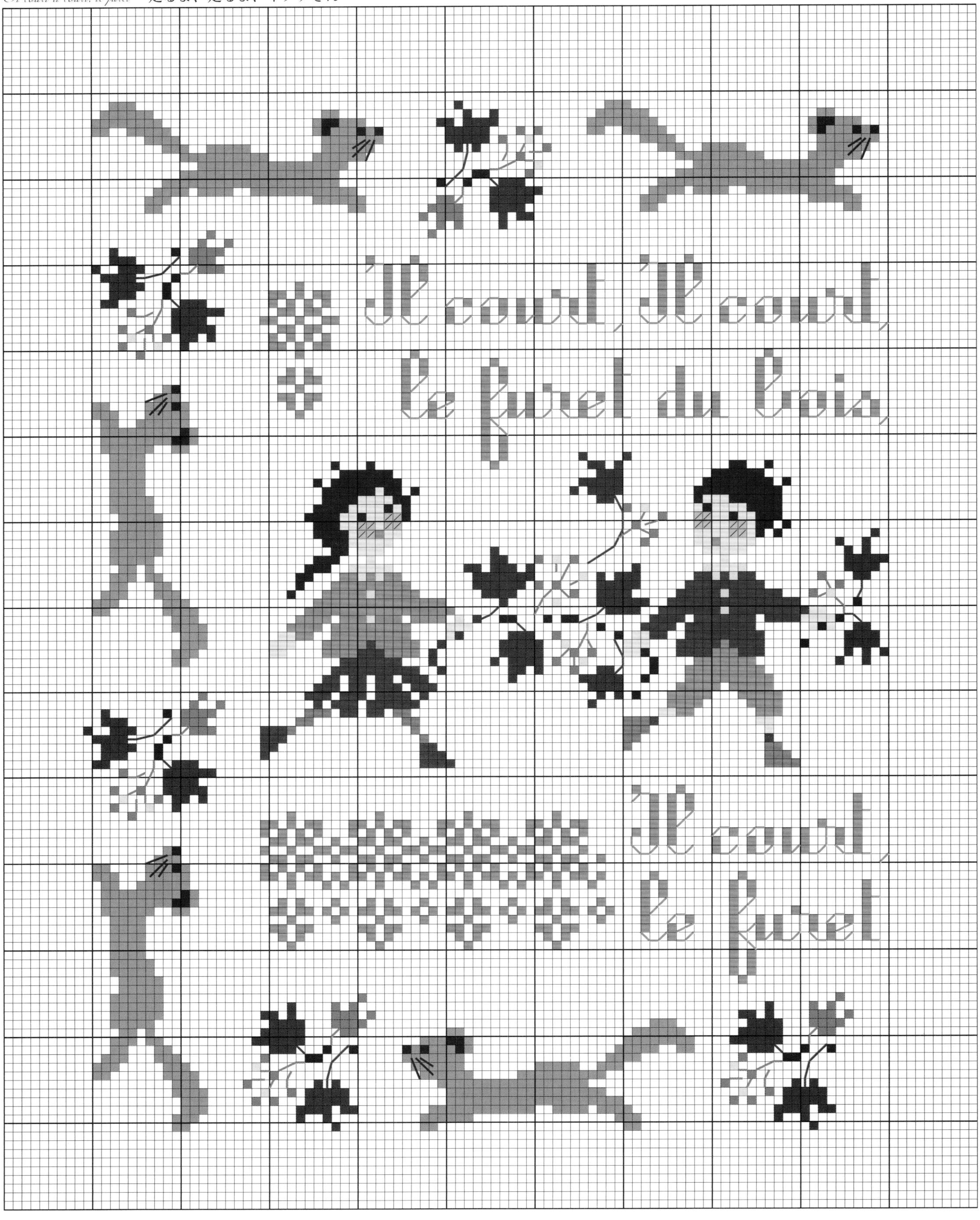
Il court, Il court,
le furet du bois,
Il court,
le furet

クロスステッチ2本どり								
350	3740	320	520	472	948	754	436	3031

ハーフステッチ2本どり
3740

バックステッチ1本どり
350　　320　　520　　3031

※色テーブルが入っている部分に、イタチ、花、イタチの順で刺しゅうを入れると、p.14の下の柄と繋がり、図案が完成します。

クロスステッチ2本どり

■ 350   ■ 3740   ⊞ 3753   ■ 931   ■ 320   ■ 472   ⋀ 3821   ■ 948   ⁄⁄ 754   ■ 436

■ 3031   ■ 3072

ハーフステッチ2本どり

◤ 3740   ◢ 931   ◤ 472   ◢ 436   ◢ 3031

バックステッチ1本どり   フレンチノット

— 931   — 320   — 436   • 3740   • 320

クロスステッチ2本どり

▨ 350	▨ 334	▨ 3753	▨ 931
■ 930	▨ 320	▨ 3821	⊏ ⊐ 727
▨ 948	Ⅱ 754		
▨ 436			

ハーフステッチ2本どり

◪ 930   ⊏ ⊐ 727

バックステッチ1本どり

── 350   ── 931   ── 930   ── 320   ── 436

フレンチノット

・ 350

※色テーブルが入っている部分に、p.19中央部にある魚、模様、魚、模様の一連のモチーフの刺しゅうを加えると、図案が完成します。

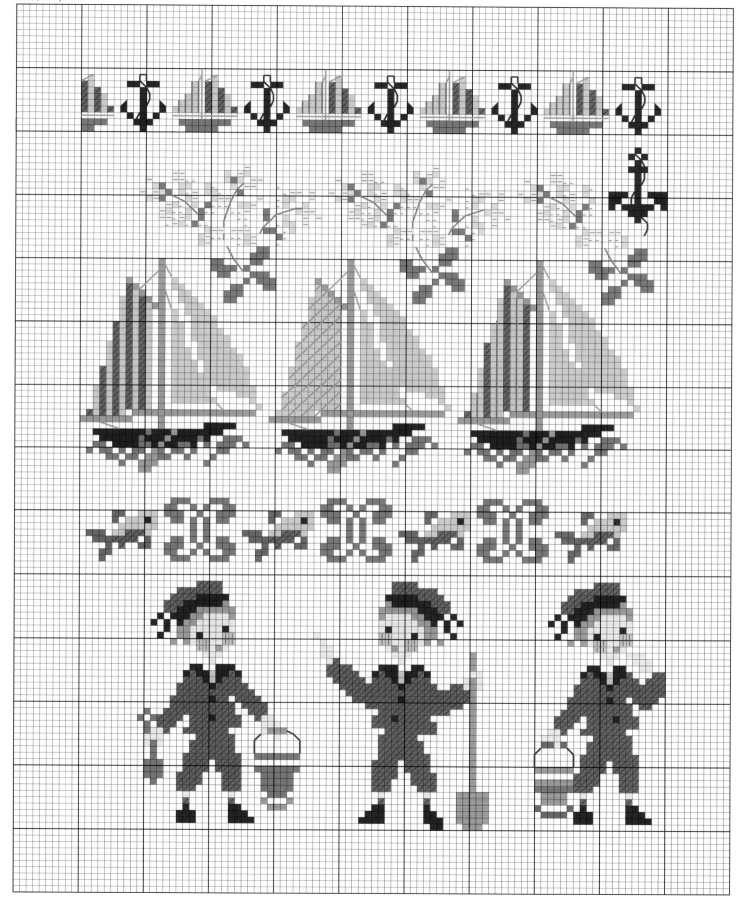

クロスステッチ2本どり

| 350 | 931 | 320 | 319 | 472 | 727 | 922 | 948 | 754 | 436 |

3031

ハーフステッチ2本どり

350　931　320　472　922　436

バックステッチ1本どり

931　320　319

フレンチノット

350　320

Chapitre 2　Au pays des contes

おとぎの国のおはなし

むかしむかし、あるところに…。シンデレラや白雪姫、ラプンツェルなど、おとぎ話に出てくるお姫さまは女の子の憧れ。王子さまにときめいたり、アリスの不思議の国にワクワクしたり、赤ずきんちゃんの意地悪なオオカミにハラハラしたり。誰もが幼いころに夢見たおとぎ話のメルヘンな世界の刺しゅうで、幼いころの気持ちがよみがえってくるはず！

完成写真：p.42

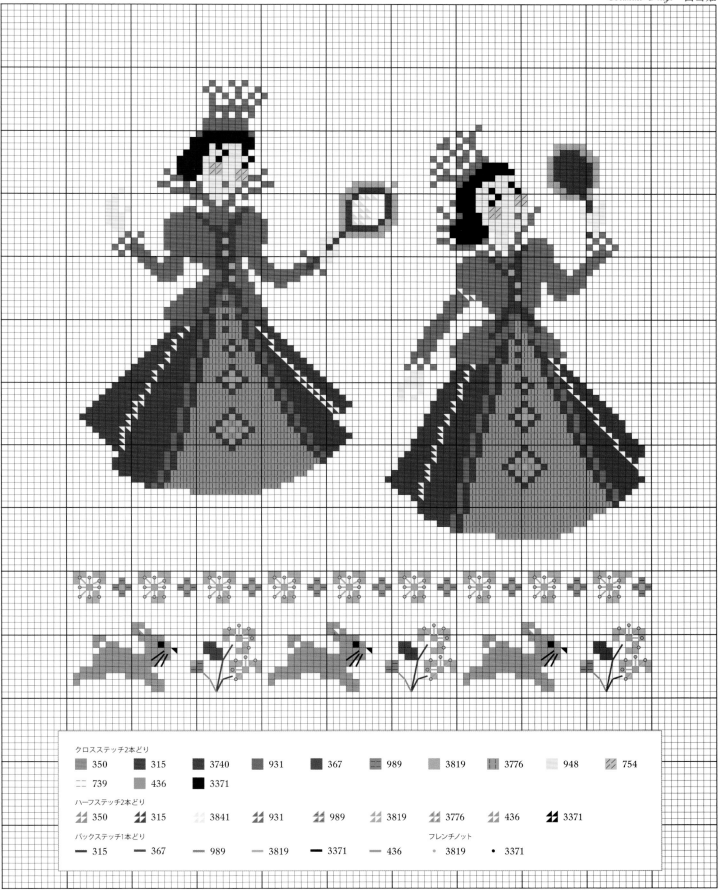

クロスステッチ2本どり

▦ 350	■ 315	■ 3740	■ 931	■ 367	▨ 989	▦ 3819	▥ 3776	▨ 948	▨ 754
▭ 739	▦ 436	■ 3371							

ハーフステッチ2本どり

◪ 350	◪ 315	◪ 3841	◪ 931	◪ 989	◪ 3819	◪ 3776	◪ 436	◪ 3371

バックステッチ1本どり

— 315　— 367　— 989　— 3819　— 3371　— 436

フレンチノット

○ 3819　● 3371

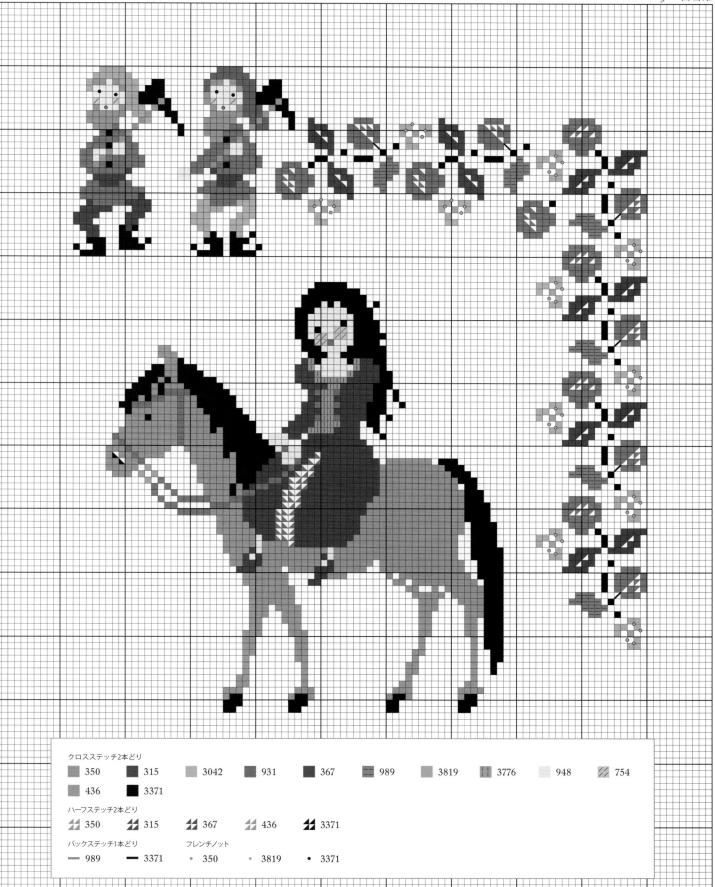

クロスステッチ2本どり

	350		315		3042		931		367		989		3819		3776		948		754
	436		3371																	

ハーフステッチ2本どり

	350		315		367		436		3371

バックステッチ1本どり　　フレンチノット

—	989	—	3371	●	350	●	3819	●	3371

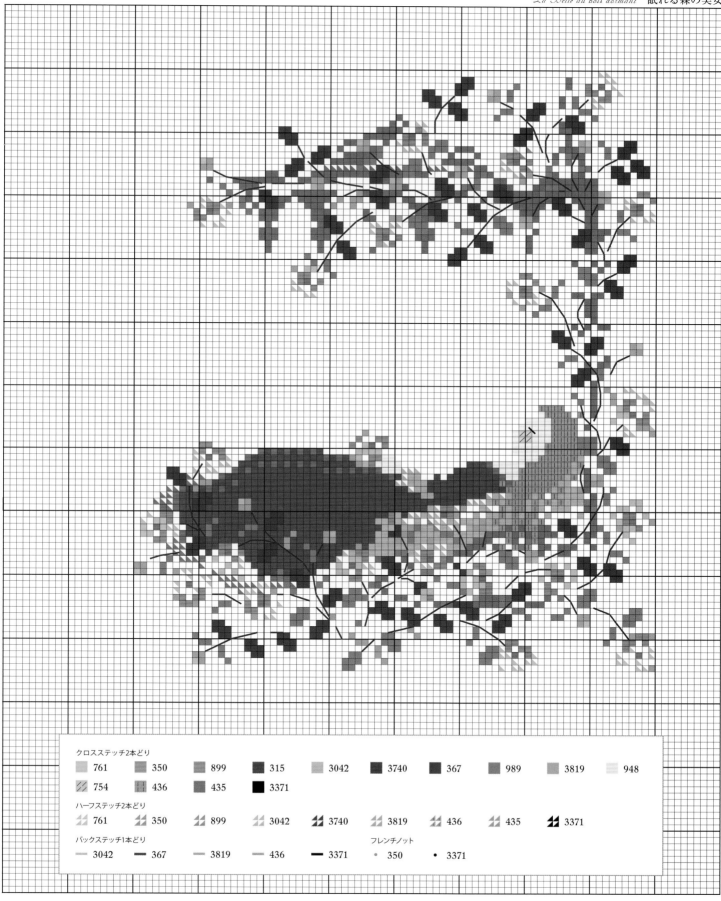

クロスステッチ2本どり

761	350	899	315	3042	3740	367	989	3819	948
754	436	435	3371						

ハーフステッチ2本どり

761	350	899	3042	3740	3819	436	435	3371

バックステッチ1本どり

— 3042	— 367	— 3819	— 436	— 3371

フレンチノット

· 350	• 3371

クロスステッチ2本どり

| | 350 | | 315 | | 3042 | | 3740 | | 3747 | | 3819 | | 3052 | | 948 | | 754 | | 3776 |

| | 3860 | | 436 | | 435 | | 3031 |

ハーフステッチ2本どり

| | 3042 | | 3740 | | 3819 | | 3052 | | 3776 | | 3860 | | 436 | | 435 |

バックステッチ1本どり

— 367　— 435　— 3031

フレンチノット

• 3031

クロスステッチ
2本どり
350
315
3042
3740
3747
3819
948
754
3860
436
435
3031

ハーフステッチ
2本どり
350
315
3042
3740
3747
3819
3031

バックステッチ
1本どり
350
315

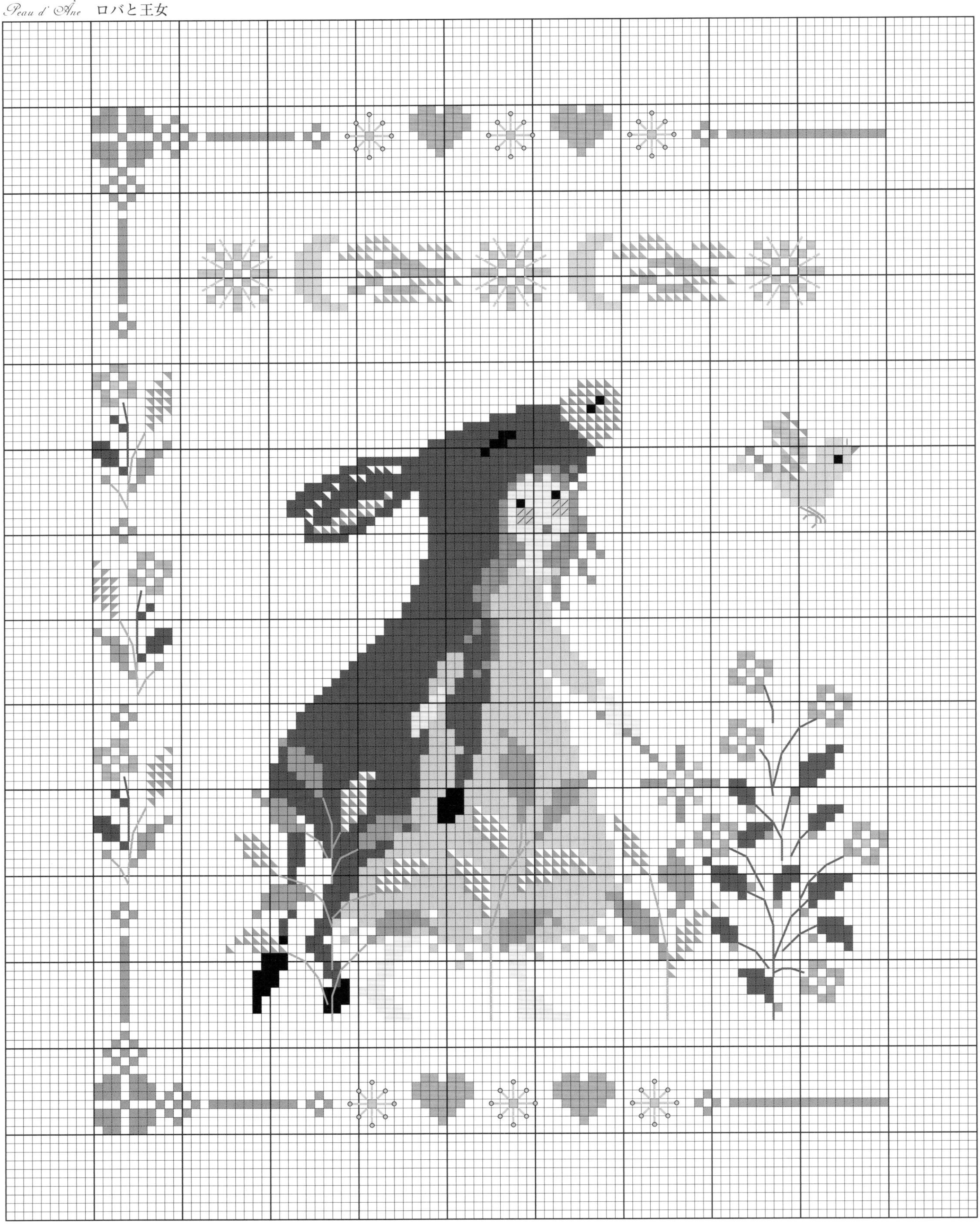

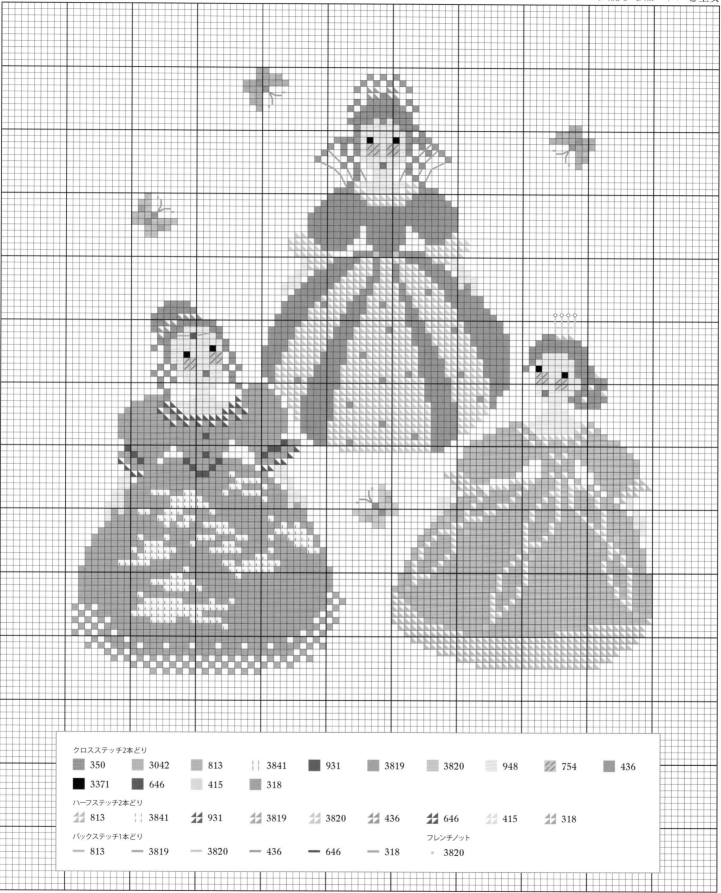

クロスステッチ2本どり

350	3042	813	3841	931	3819	3820	948	754	436
3371	646	415	318						

ハーフステッチ2本どり

813	3841	931	3819	3820	436	646	415	318

バックステッチ1本どり

					フレンチノット
813	3819	3820	436	646	318	3820

クロスステッチ2本どり

| ■ 350 | ■ 899 | ■ 315 | ■ 3042 | ◩ 3776 | ■ 948 | ◩ 754 | ■ 436 | ■ 3031 |

ハーフステッチ2本どり　　　バックステッチ1本どり

◪ 350　　◪ 3042　　— 315

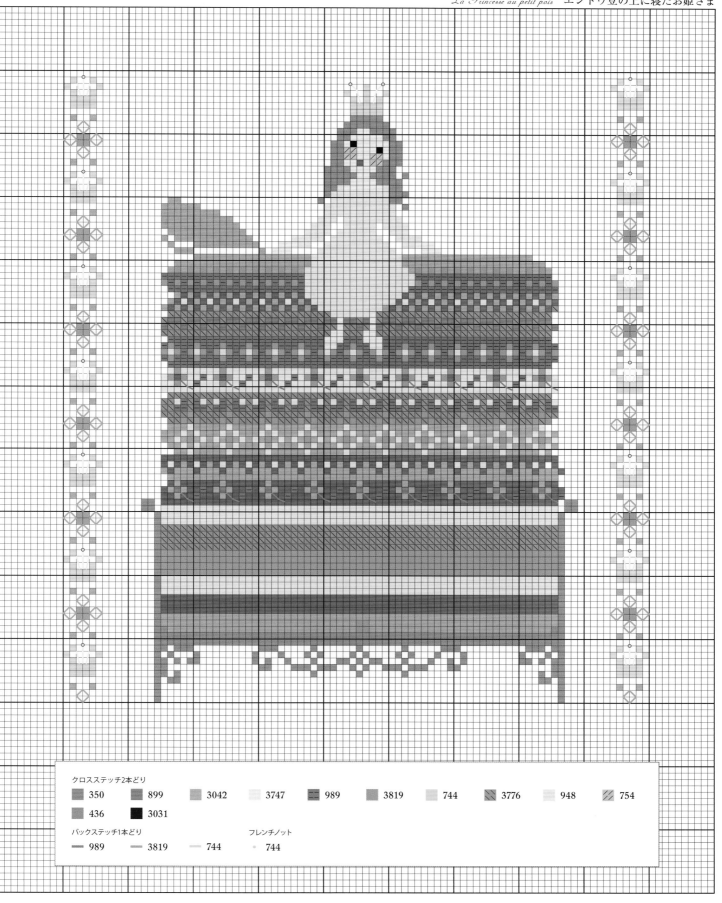

クロスステッチ2本どり

	350		899		3042		3747		989		3819		744		3776		948		754
	436		3031																

バックステッチ1本どり

	989		3819		744

フレンチノット

•	744

クロスステッチ
2本どり

350
3042
3740
3747
813
367
989
3819
3776
948
754
3860
436
3371

ハーフステッチ
2本どり

350
3740
367
3819
3776
3860
436
3371

バックステッチ
1本どり

350
3042
367
989
3819
3776
3860
3371

フレンチノット

• 3740
• 3860

Le Petit Chaperon rouge　赤ずきんちゃん

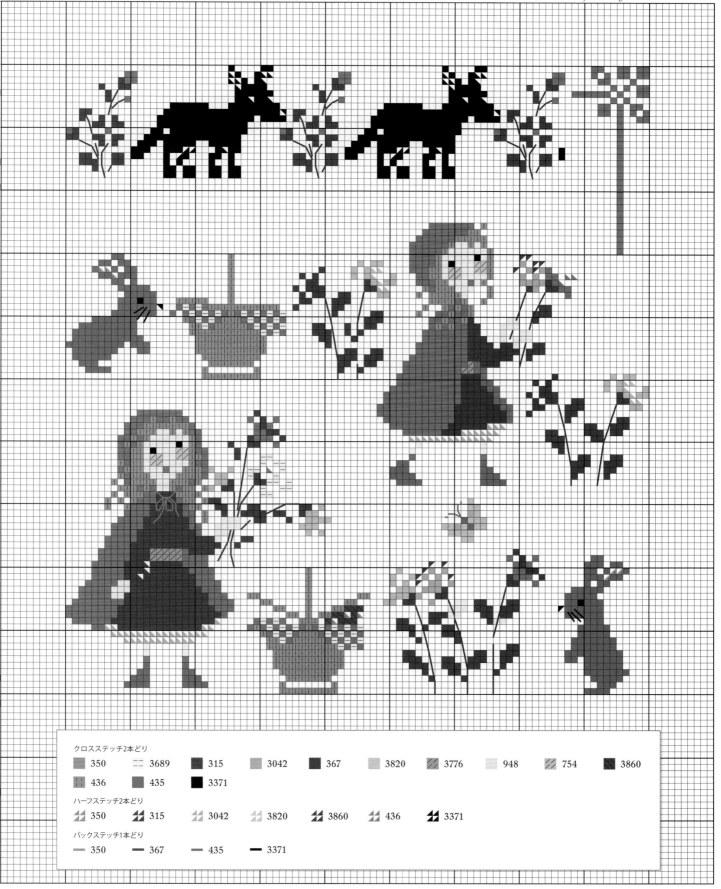

クロスステッチ2本どり

■ 350	▦ 3689	■ 315	■ 3042	■ 367	■ 3820	▨ 3776	▦ 948	▨ 754	▨ 3860
▨ 436	■ 435	■ 3371							

ハーフステッチ2本どり

◪ 350	◪ 315	◪ 3042	◪ 3820	◪ 3860	◪ 436	◪ 3371

バックステッチ1本どり

— 350	— 367	— 435	— 3371

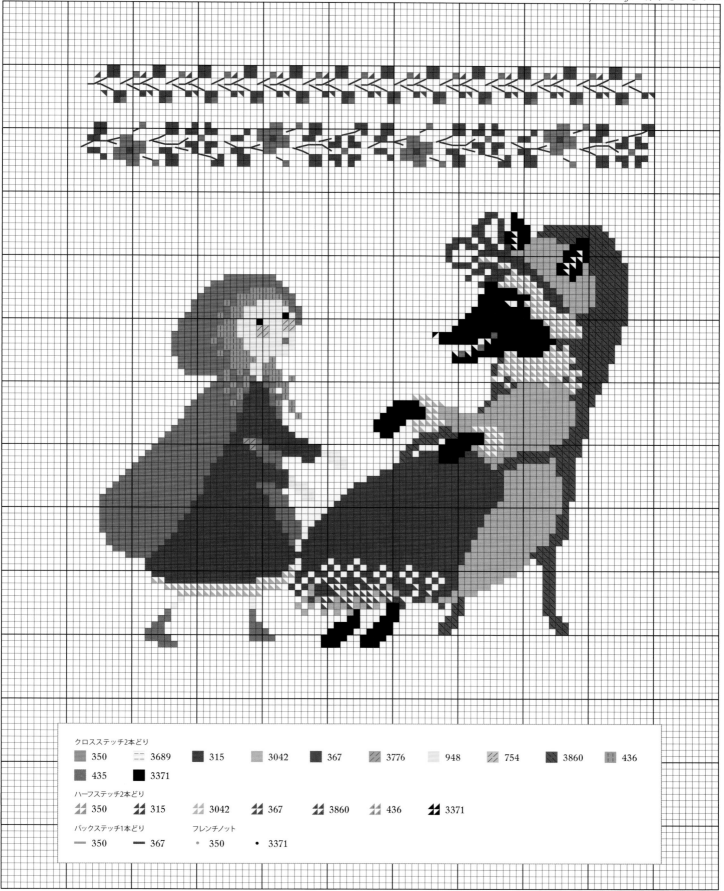

クロスステッチ2本どり

350	3689	315	3042	367	3776	948	754	3860	436
435	3371								

ハーフステッチ2本どり

350	315	3042	367	3860	436	3371

バックステッチ1本どり

— 350　— 367

フレンチノット

・ 350　● 3371

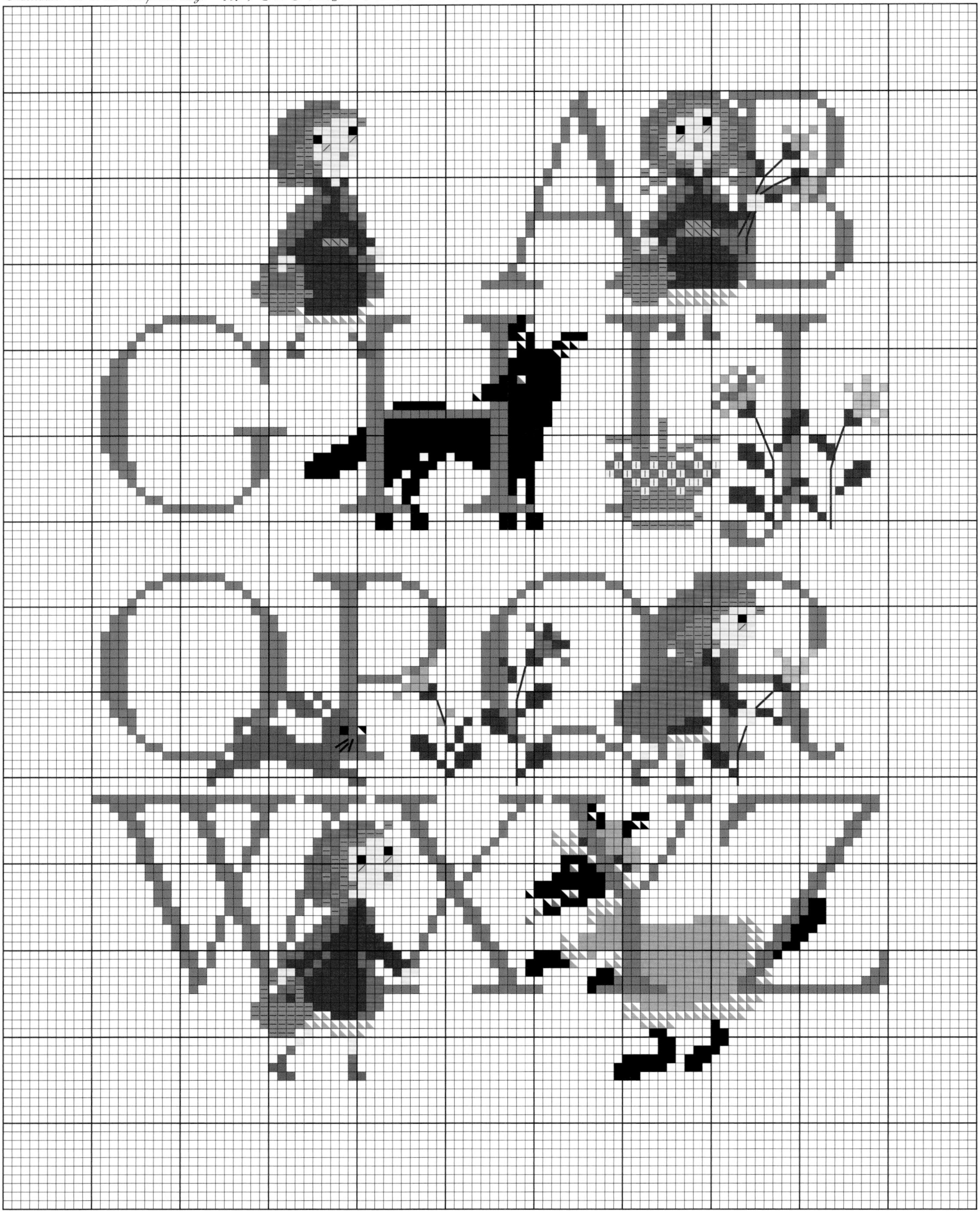

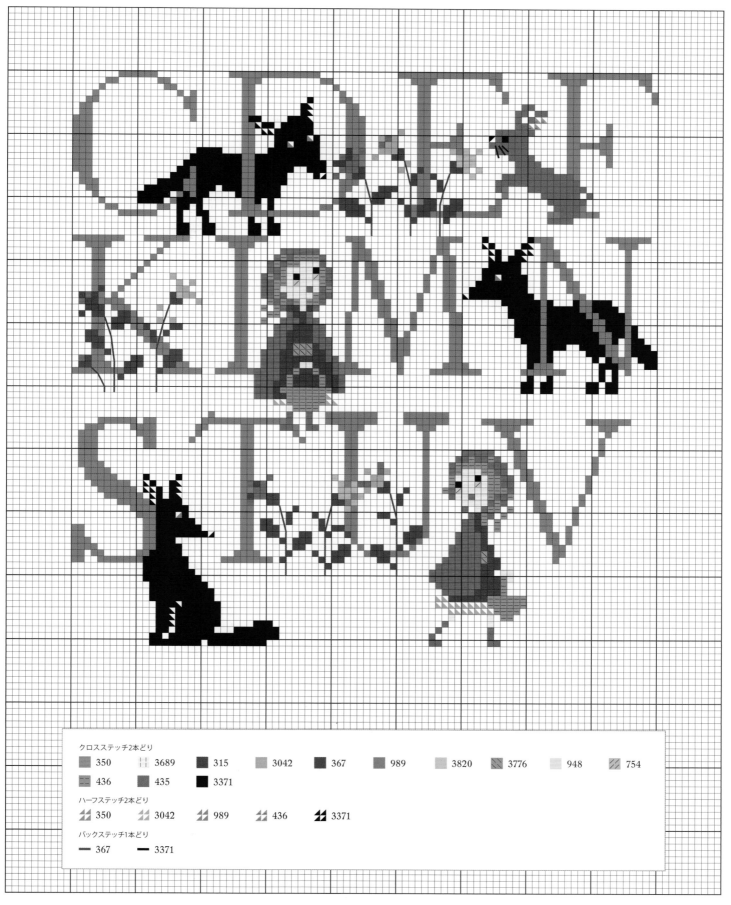

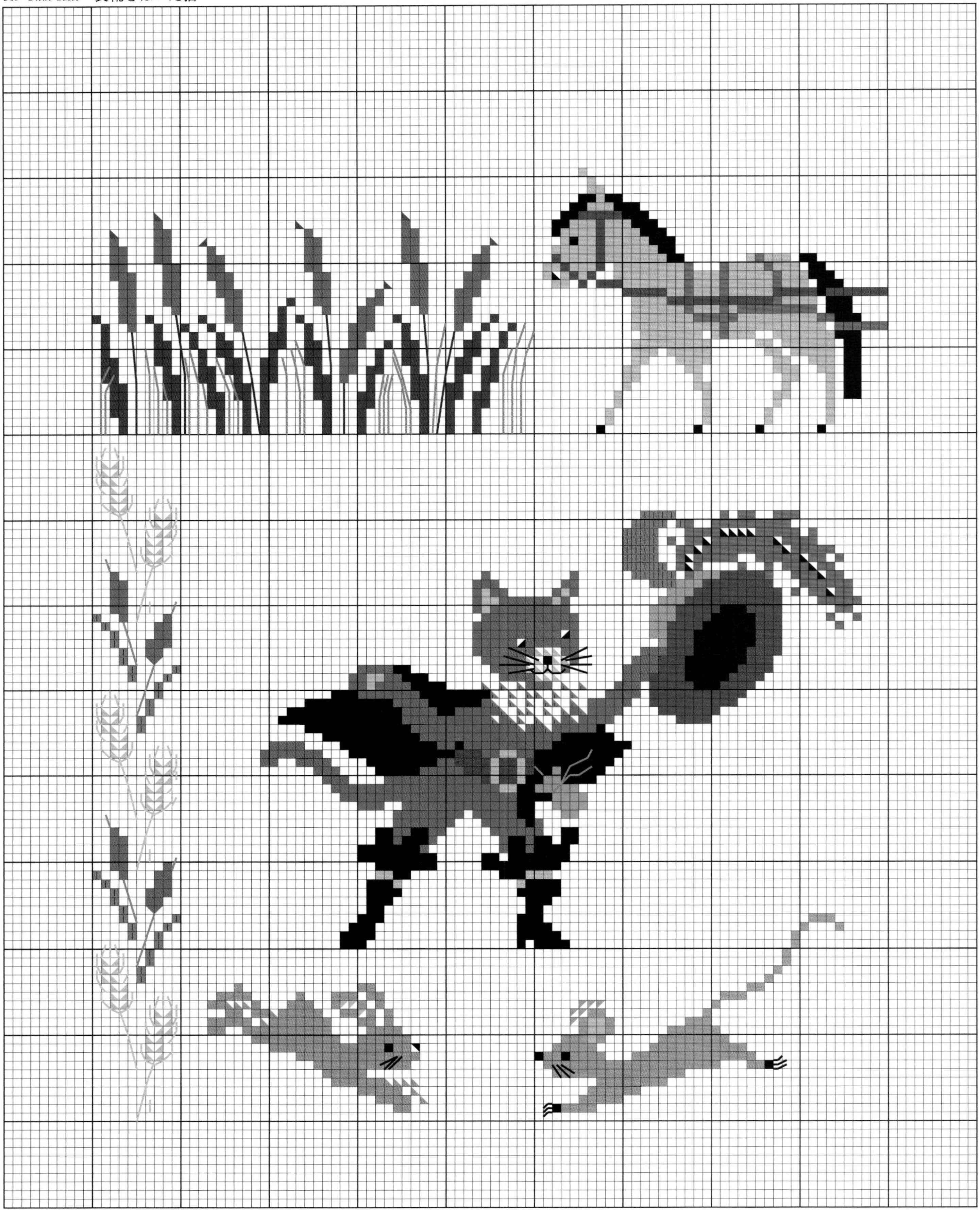

クロスステッチ2本どり

| | 350 | | 3740 | | 367 | | 989 | | 3819 | | 3776 | | 948 | | 3860 | | 437 | | 435 |
| | 3371 | | 3032 |

ハーフステッチ2本どり

| | 989 | | 3819 | | 3776 | | 437 | | 435 | | 3371 | | 3032 |

バックステッチ1本どり

— 367　　— 989　　— 3371

フレンチノット

• 3371

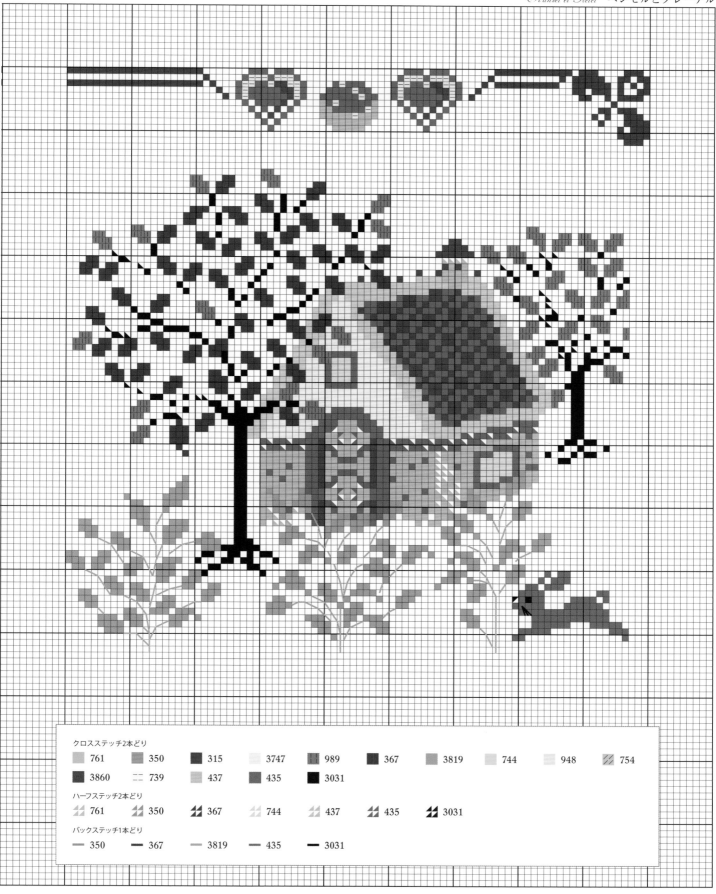

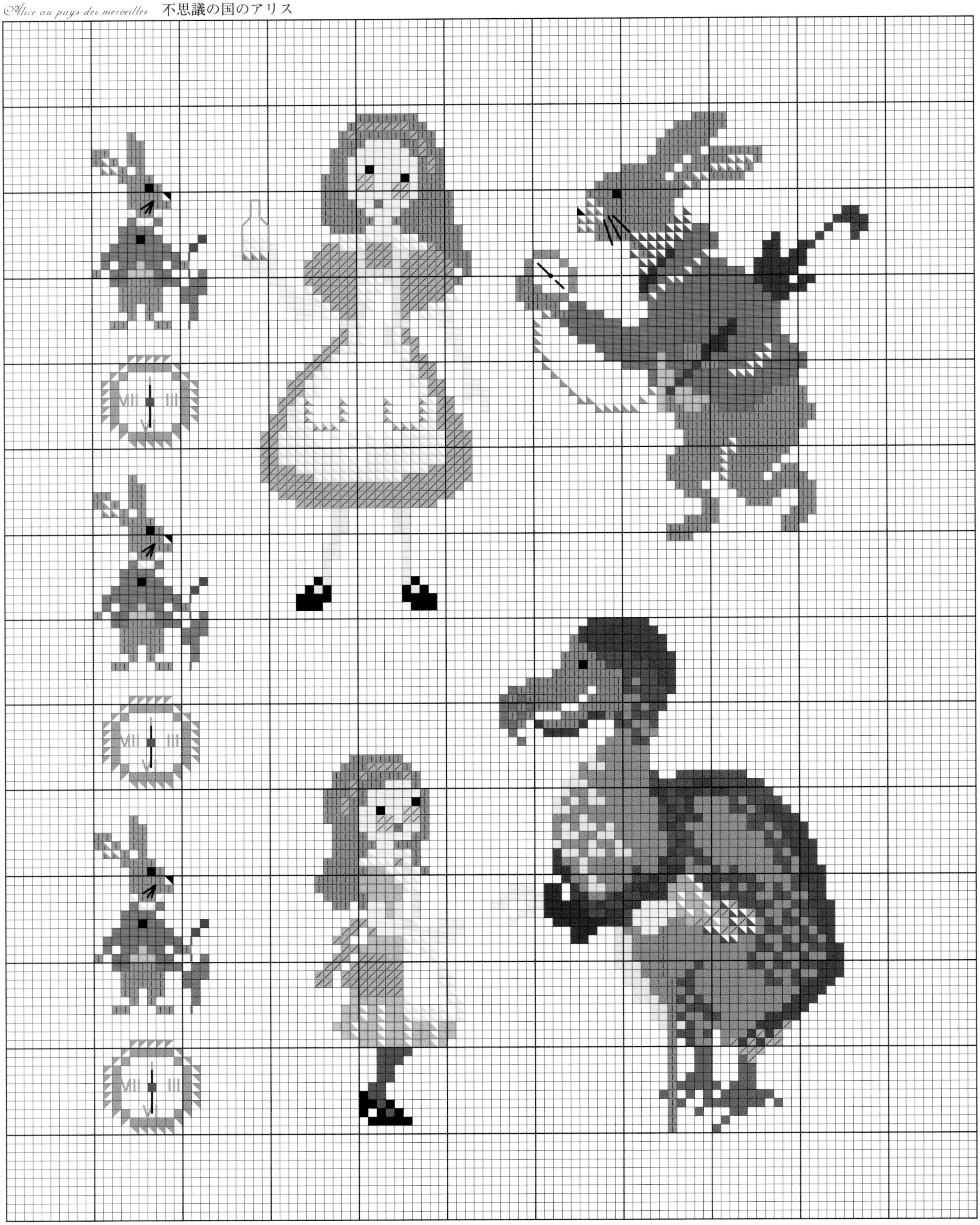

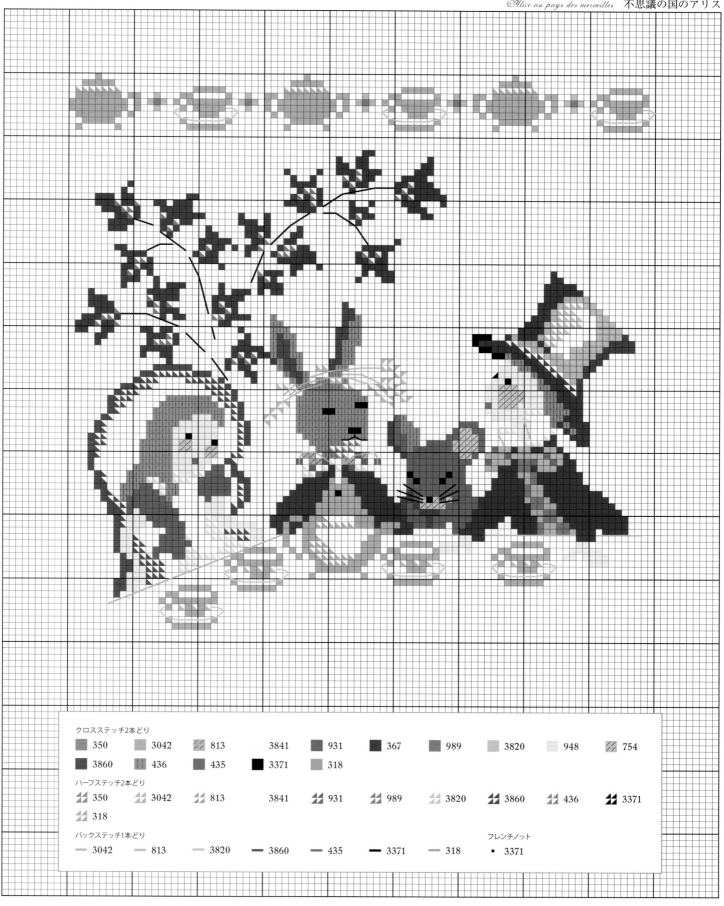

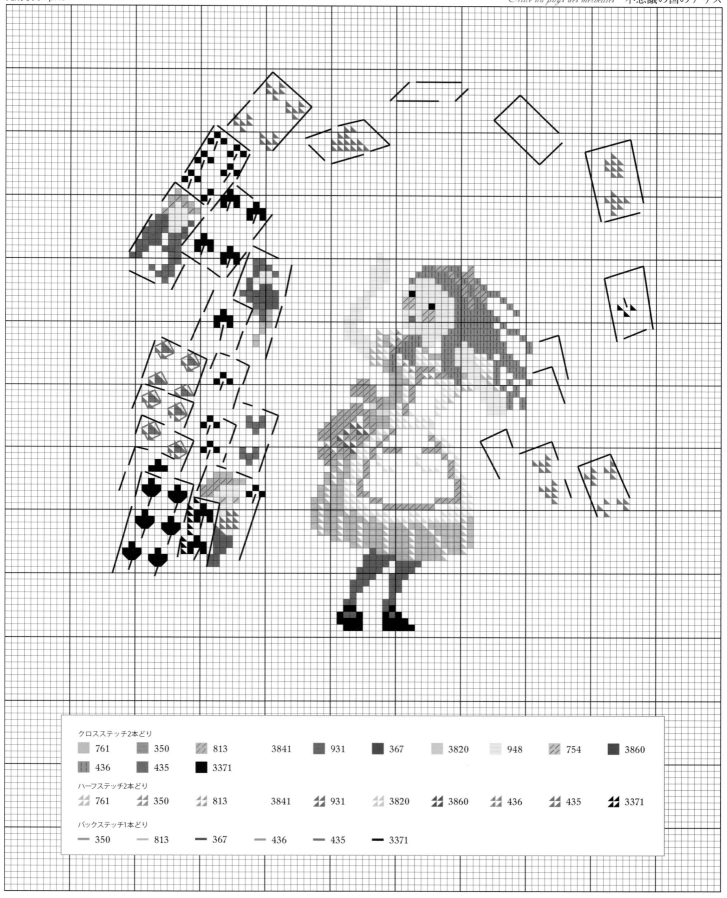

クロスステッチ2本どり

	761		350		813		3841		931		367		3820		948		754		3860
	436		435		3371														

ハーフステッチ2本どり

	761		350		813		3841		931		3820		3860		436		435		3371

バックステッチ1本どり

— 350	— 813	— 367	— 436	— 435	— 3371

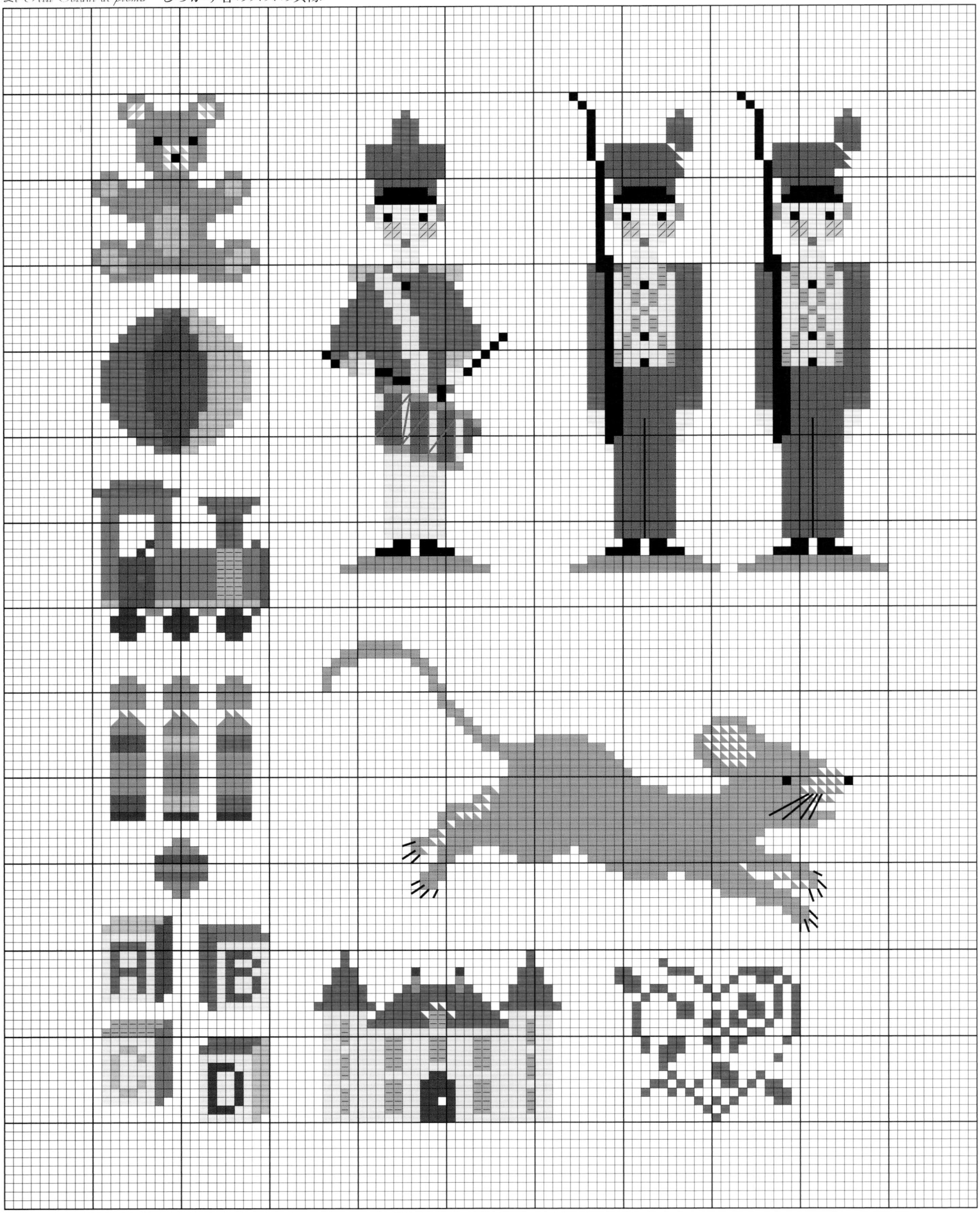

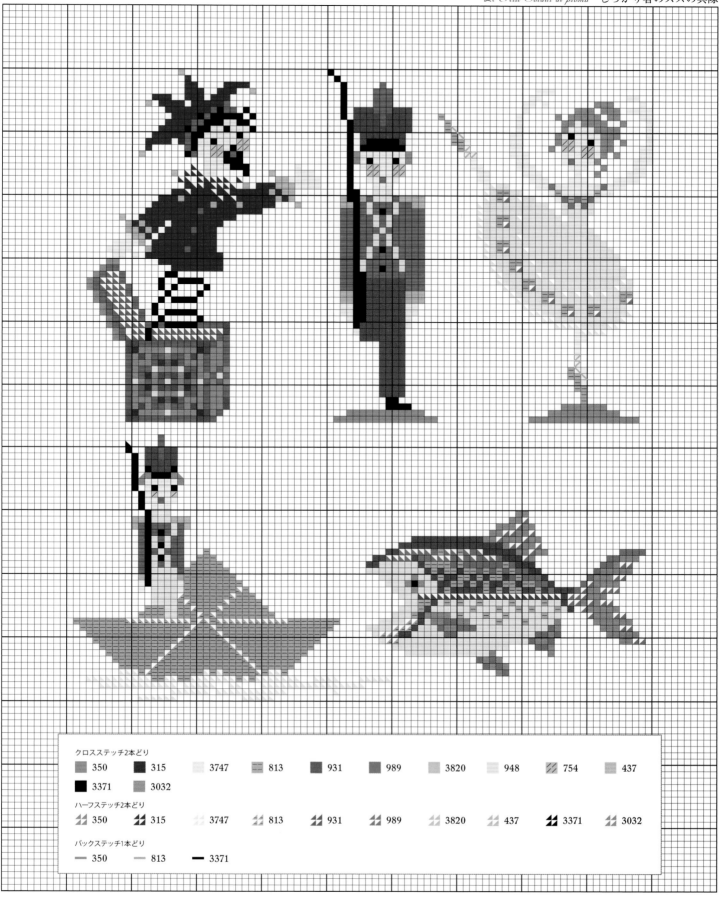

むかし遊び & 懐かしのおもちゃ

おままごとなどのごっこ遊び、積み木やけん玉、ブランコ、す
べり台……。シンプルだけれど想像力をはぐくむ昔ながらの遊
びは、今の子どもたちにも伝えていきたいもの。輪まわしやク
ロッケー、馬の頭のついた棒にまたがるホビーホースなど、フ
ランスらしさ満載のレトロな遊びのモチーフは、ステッチする
につれて、幼な心がよみがえってきます。

完成写真：p.62

クロスステッチ2本どり

■ 350　── 159　■ 160　■ 930　■ 367　■ 3819　■ 3776　□ 948　▨ 754　■ 436

▨ 434　■ 938

ハーフステッチ2本どり

◤ 159　◤ 160　◤ 930　◤ 3819　◤ 948

バックステッチ1本どり

── 160　── 930　── 3776　── 938

フレンチノット

・ 160　・ 3776

完成写真(下の女の子たち)：p.63

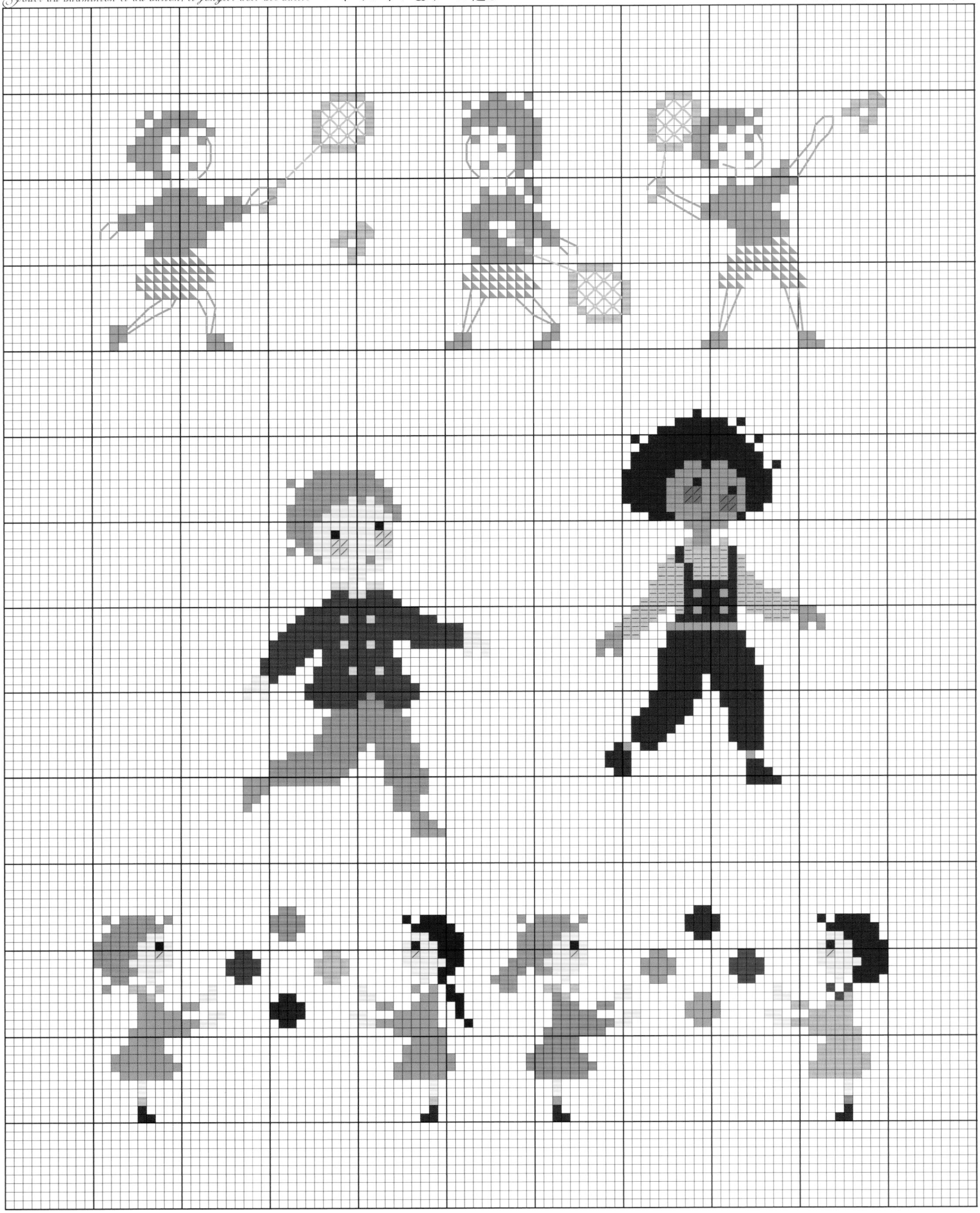

クロスステッチ2本どり

350 3802 159 160 930 3819 3822 3776 948 754

436 434 938

ハーフステッチ2本どり

160 3776

バックステッチ1本どり

160 3776

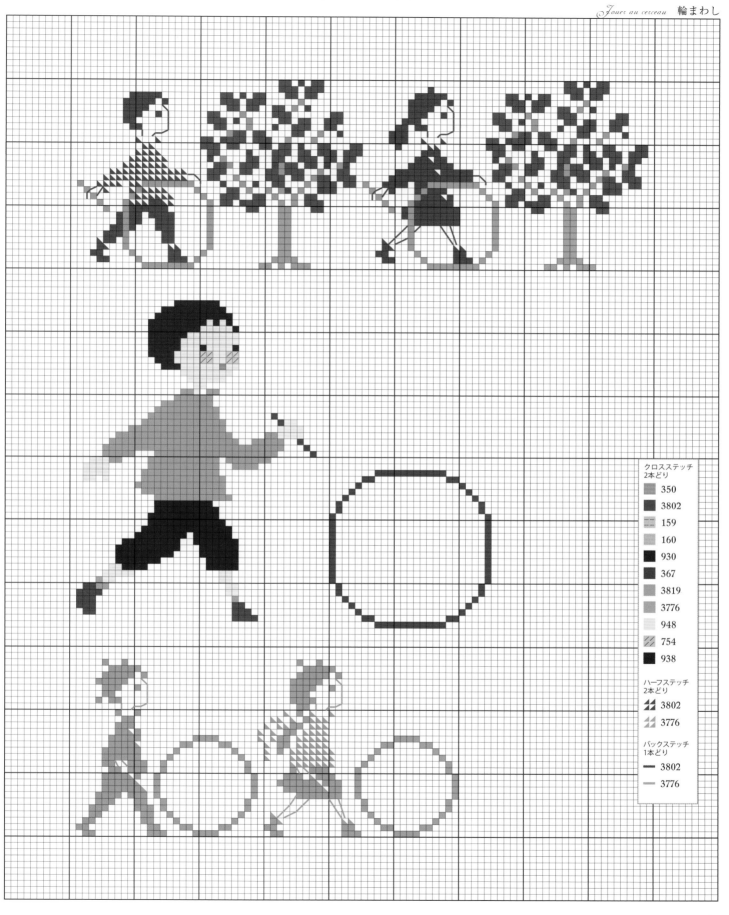

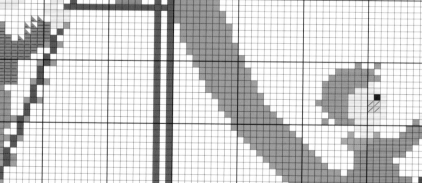

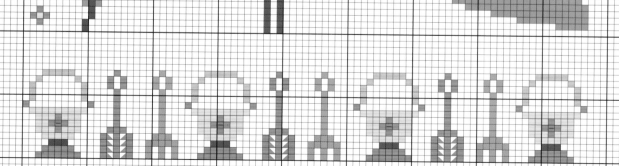

クロスステッチ2本どり

■ 350	▨ 3831	■ 899	■ 3802	■ 160	■ 367	■ 3819	■ 3822	■ 3776	■ 948
▨ 754	■ 436	▨ 434	■ 938						

ハーフステッチ2本どり

▨ 350	▨ 3831	▨ 3822	▨ 3776	▨ 436

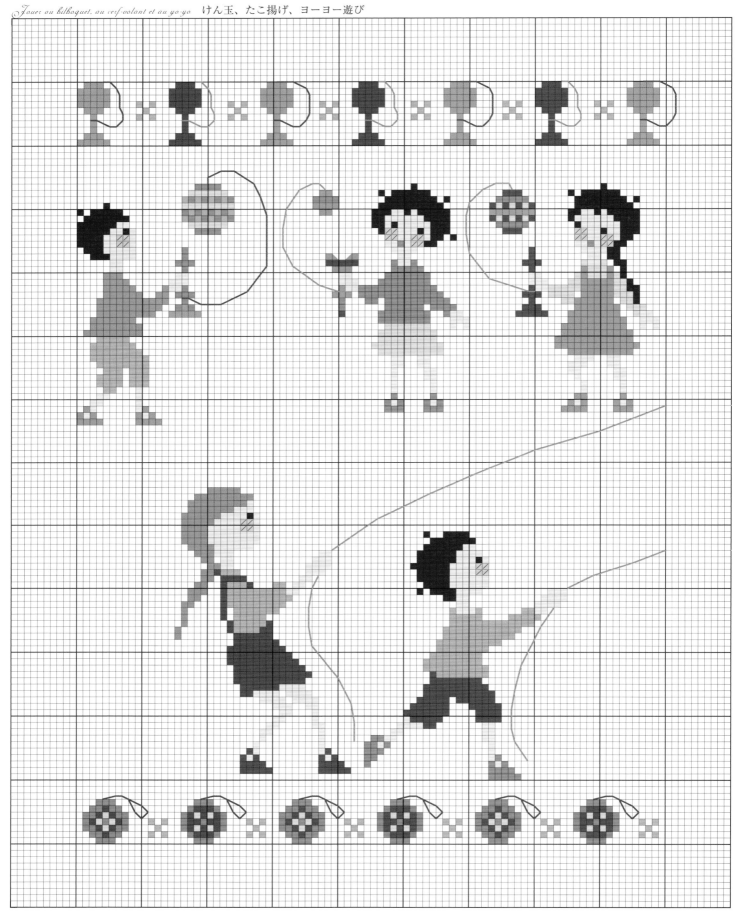

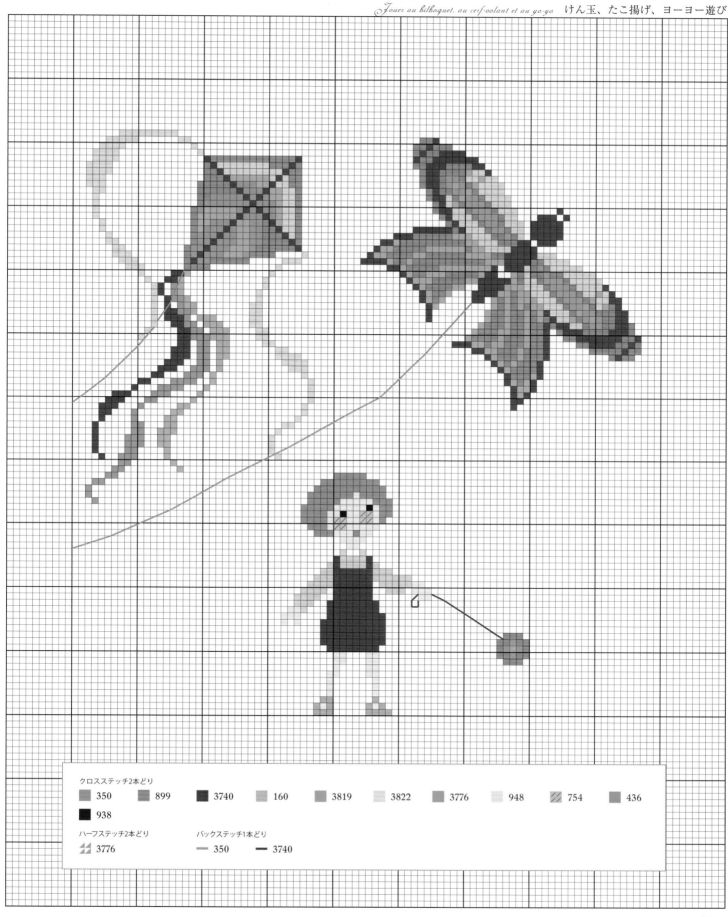

クロスステッチ2本どり

350　3802　3740　3819　3822　3776　948　754　436　434

938

ハーフステッチ2本どり　バックステッチ1本どり

436　　434

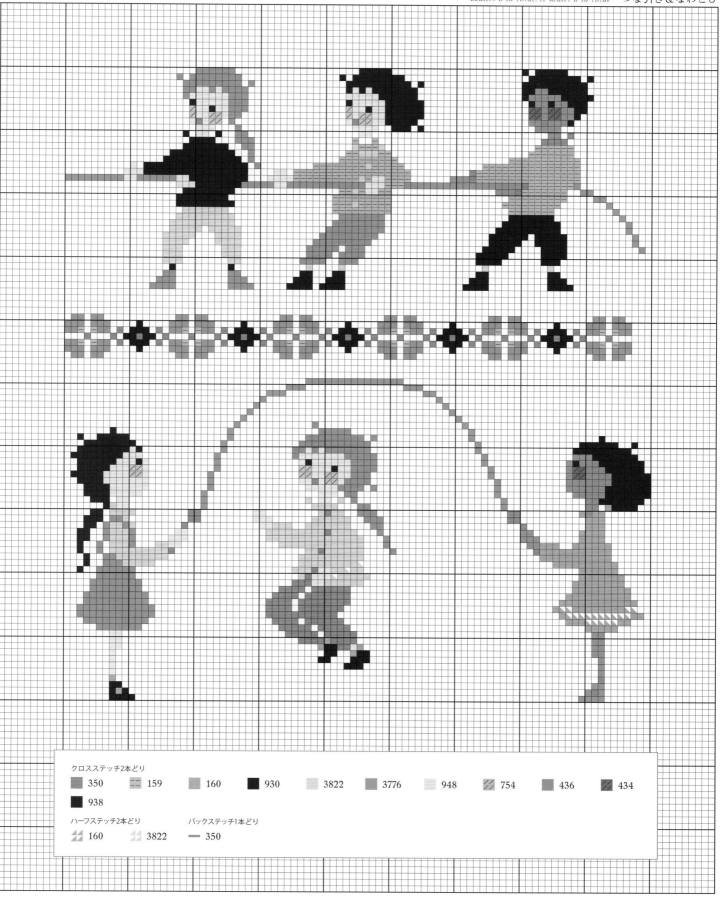

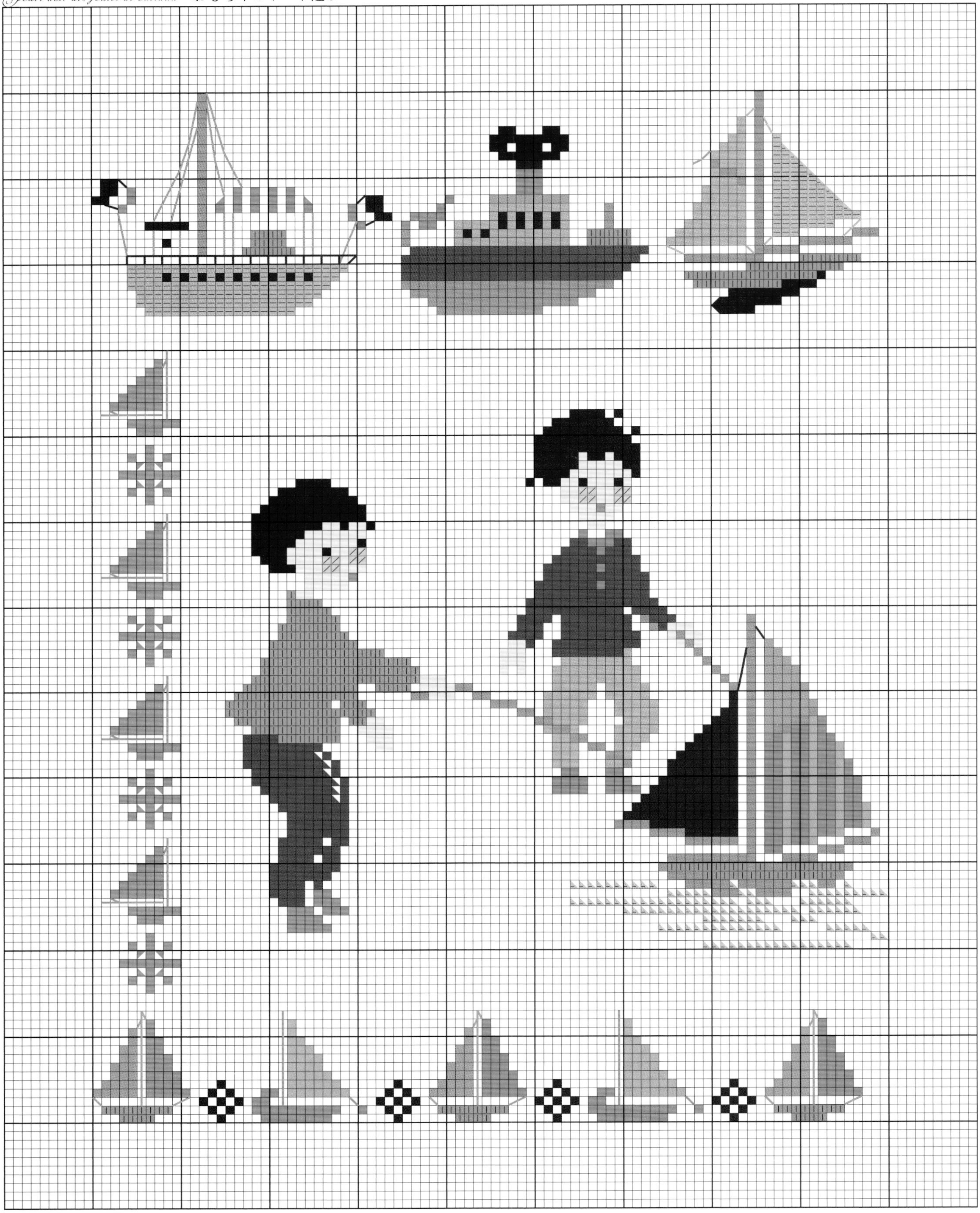

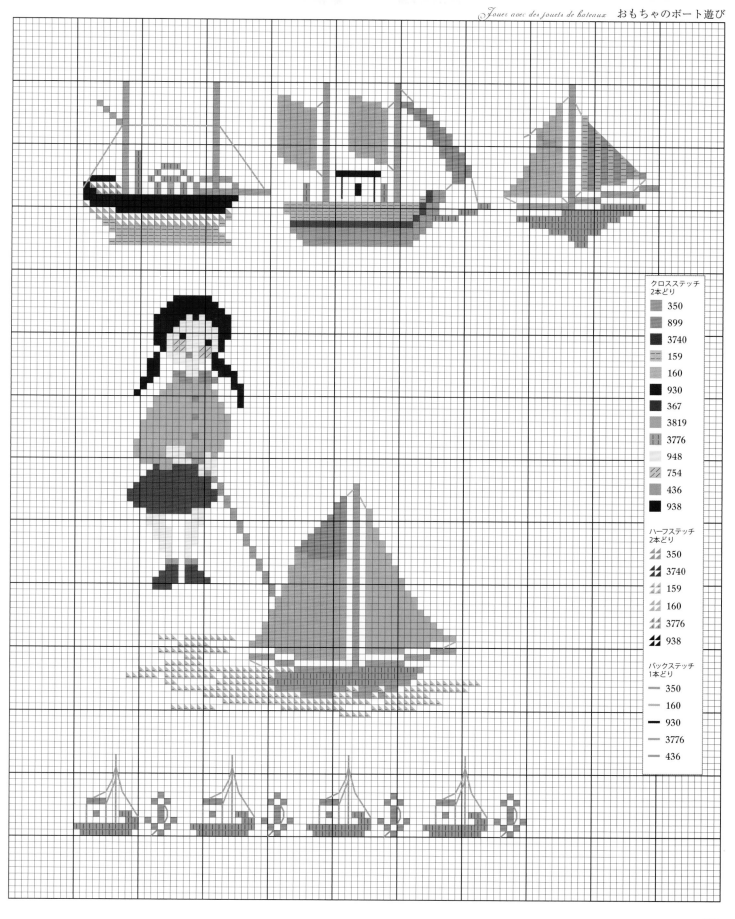

クロスステッチ
2本どり

	350
	899
	3740
	159
	160
	930
	367
	3819
	3776
	948
	754
	436
	938

ハーフステッチ
2本どり

	350
	3740
	159
	160
	3776
	938

バックステッチ
1本どり

	350
	160
	930
	3776
	436

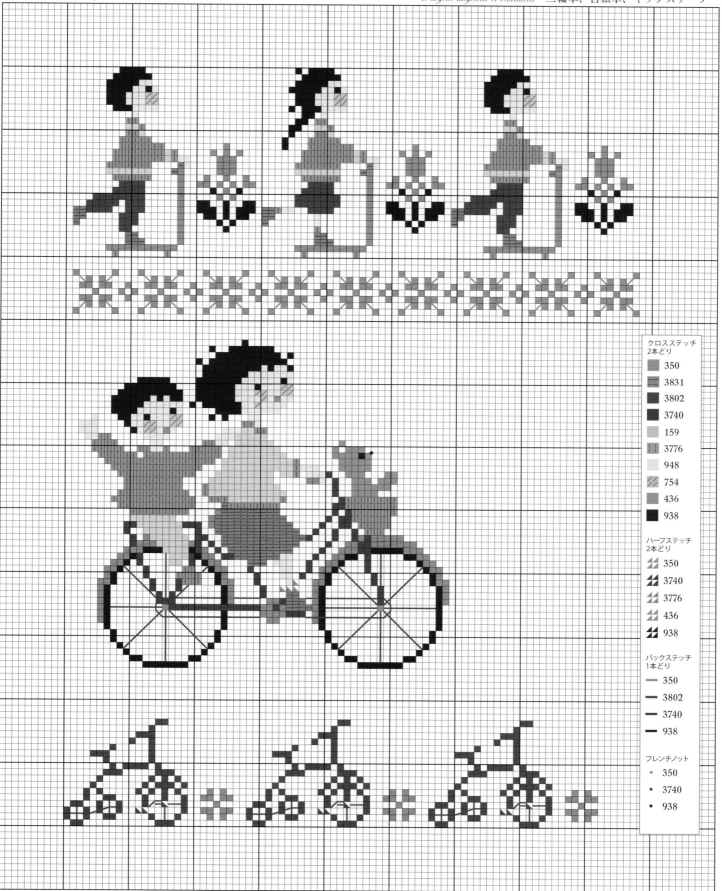

クロスステッチ
2本どり
- 350
- 3831
- 3802
- 3740
- 159
- 3776
- 948
- 754
- 436
- 938

ハーフステッチ
2本どり
- 350
- 3740
- 3776
- 436
- 938

バックステッチ
1本どり
- 350
- 3802
- 3740
- 938

フレンチノット
- 350
- 3740
- 938

クロスステッチ2本どり

350　3831　899　3802　3819　3822　3776　948　754　436

938

ハーフステッチ2本どり
899

バックステッチ1本どり
350　3802　3819　3822　436

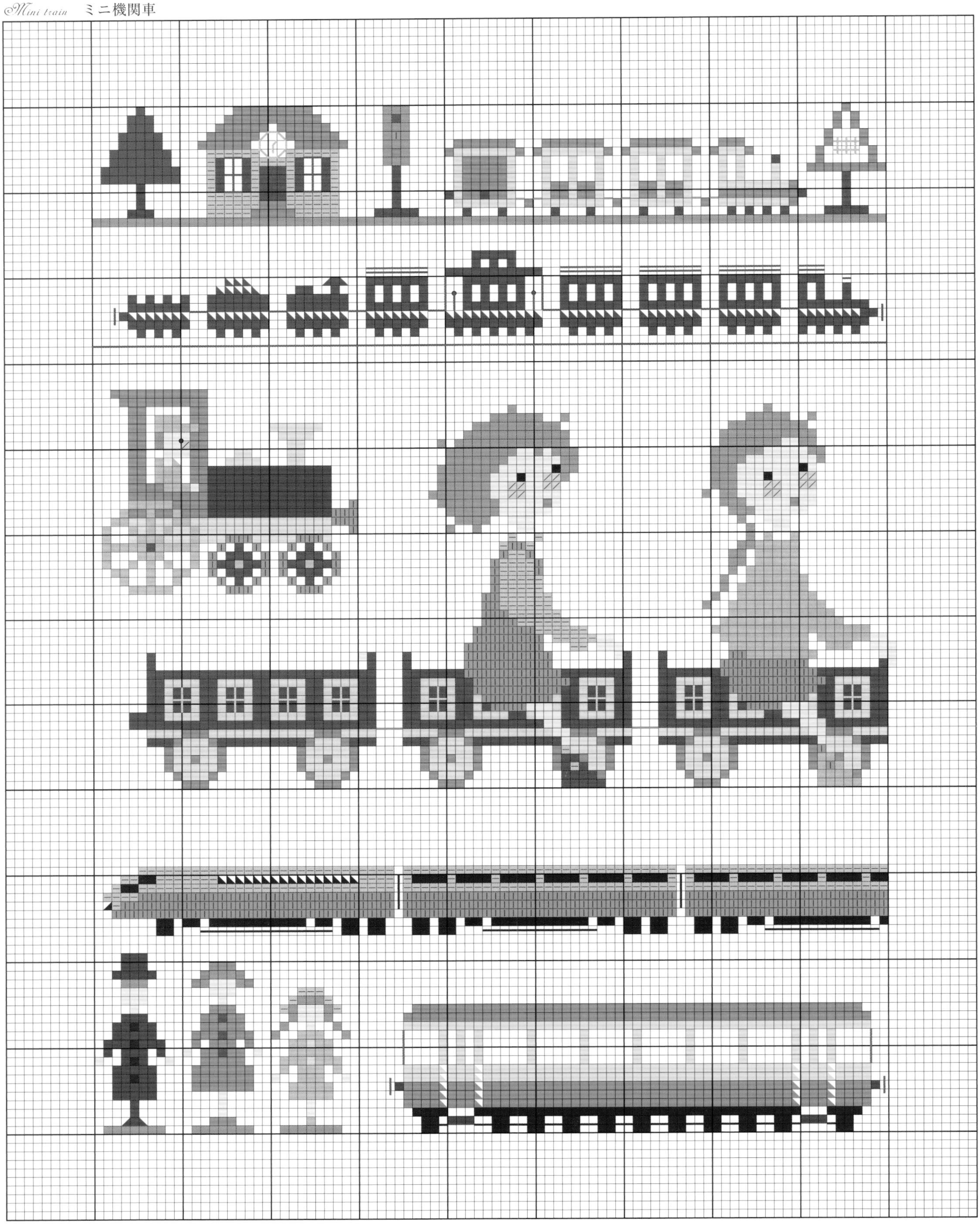

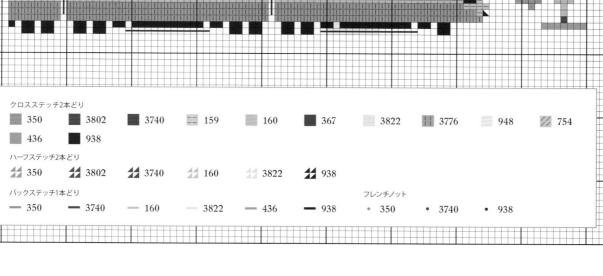

クロスステッチ2本どり

■ 350　　■ 3802　　■ 3740　　▦ 159　　■ 160　　■ 367　　□ 3822　　▦ 3776　　□ 948　　▨ 754

■ 436　　■ 938

ハーフステッチ2本どり

▨ 350　　▨ 3802　　▨ 3740　　▨ 160　　▨ 3822　　▨ 938

バックステッチ1本どり

— 350　　— 3740　　— 160　　— 3822　　— 436　　— 938

フレンチノット

・ 350　　• 3740　　• 938

完成写真(上の車): p.61

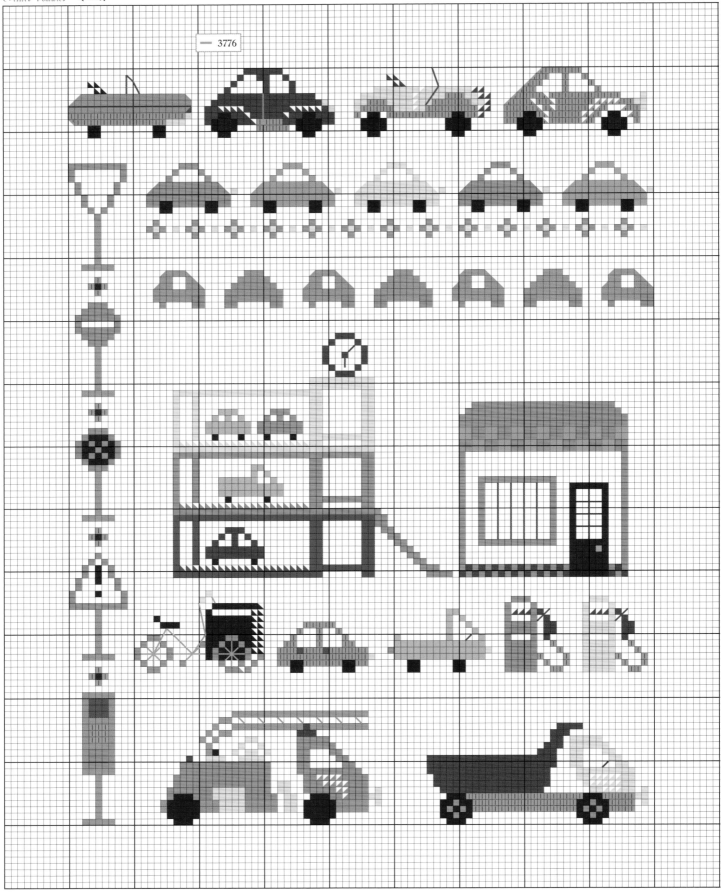

クロスステッチ2本どり

■ 350	■ 899	■ 3802	■ 930	■ 367	■ 3819	■ 3822	▨ 3776	■ 948	▨ 754
■ 436	■ 938								

ハーフステッチ2本どり

◪ 350	◪ 899	◪ 3802	◪ 930	◪ 367	◪ 3819	◪ 3822	◪ 3776	◪ 436

バックステッチ1本どり

— 350	— 3802	— 930	— 3776	— 436

3822　　　　350　　　　3740

クロスステッチ2本どり

| ■ 350 | ■ 899 | ■ 3740 | ■ 3819 | ■ 3822 | ▥ 3776 | ▨ 948 | ▨ 754 | ■ 436 | ■ 938 |

ハーフステッチ2本どり

| ⧄ 3740 | ⧄ 3819 | ⧄ 3776 | ⧄ 436 | ⧄ 938 |

バックステッチ1本どり

| — 350 | — 3740 | — 3822 | — 938 |

フレンチノット

• 938

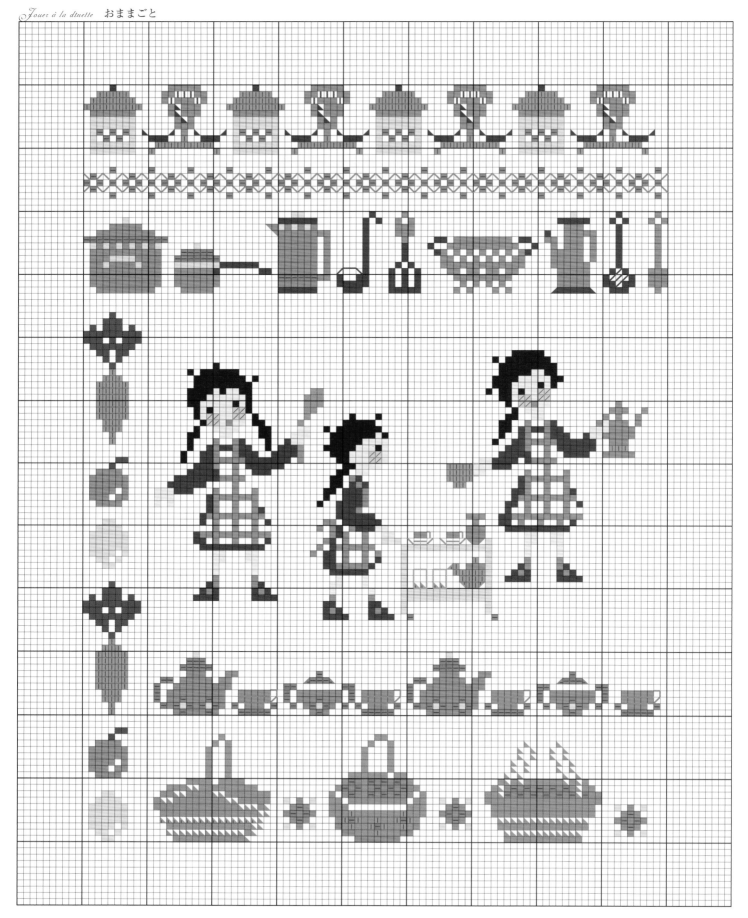

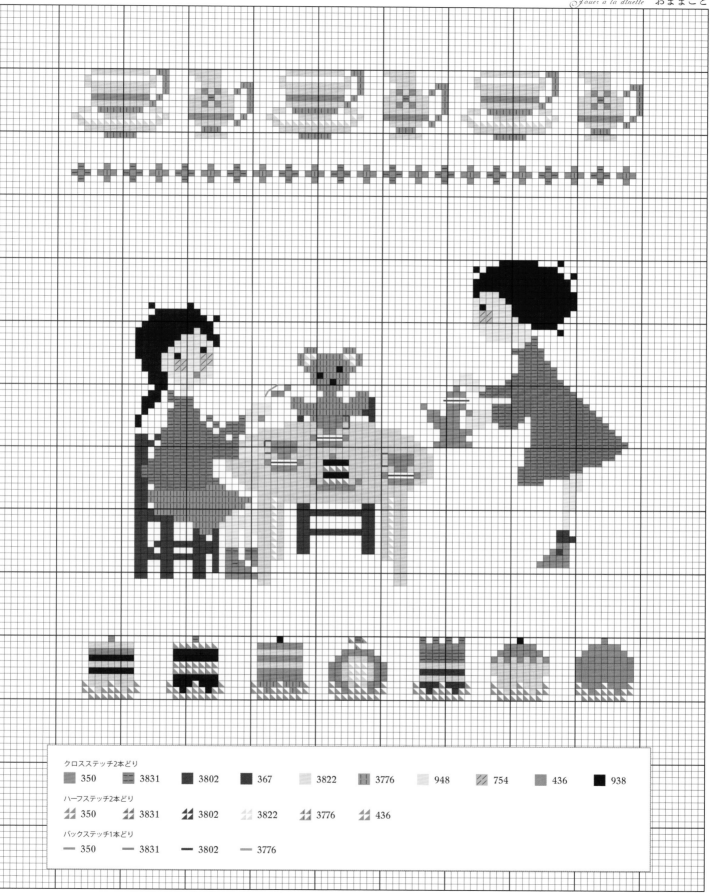

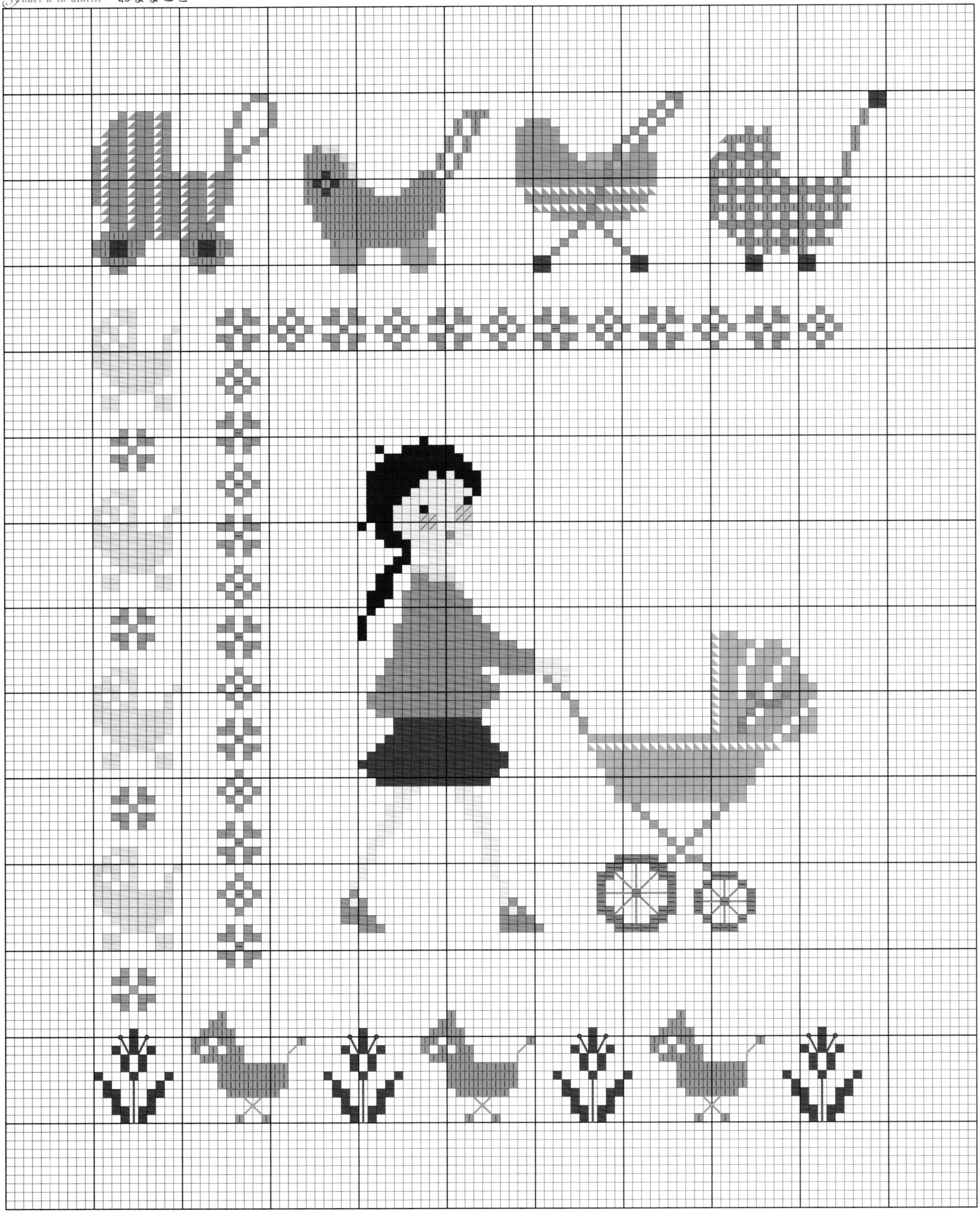

クロスステッチ2本どり

	350		3831		899		3802		3740		3822		3776		948		754		436

	938

ハーフステッチ2本どり

	350		436

バックステッチ1本どり

—	350	—	3740	—	938

フレンチノット

•	350	•	938

	350
	3776
	436

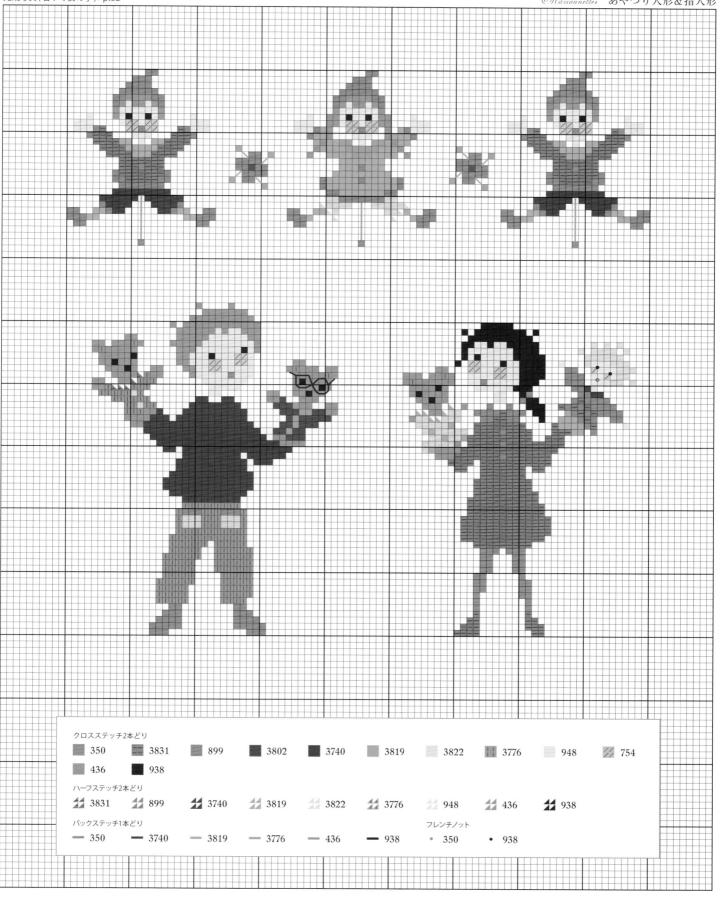

クロスステッチ2本どり

■ 350	▦ 3831	■ 899	■ 3802	■ 3740	■ 3819	▨ 3822	▥ 3776	▨ 948	▨ 754
■ 436	■ 938								

ハーフステッチ2本どり

◪ 3831　◪ 899　◪ 3740　◪ 3819　◪ 3822　◪ 3776　◪ 948　◪ 436　◪ 938

バックステッチ1本どり

— 350　— 3740　— 3819　— 3776　— 436　— 938

フレンチノット

• 350　• 938

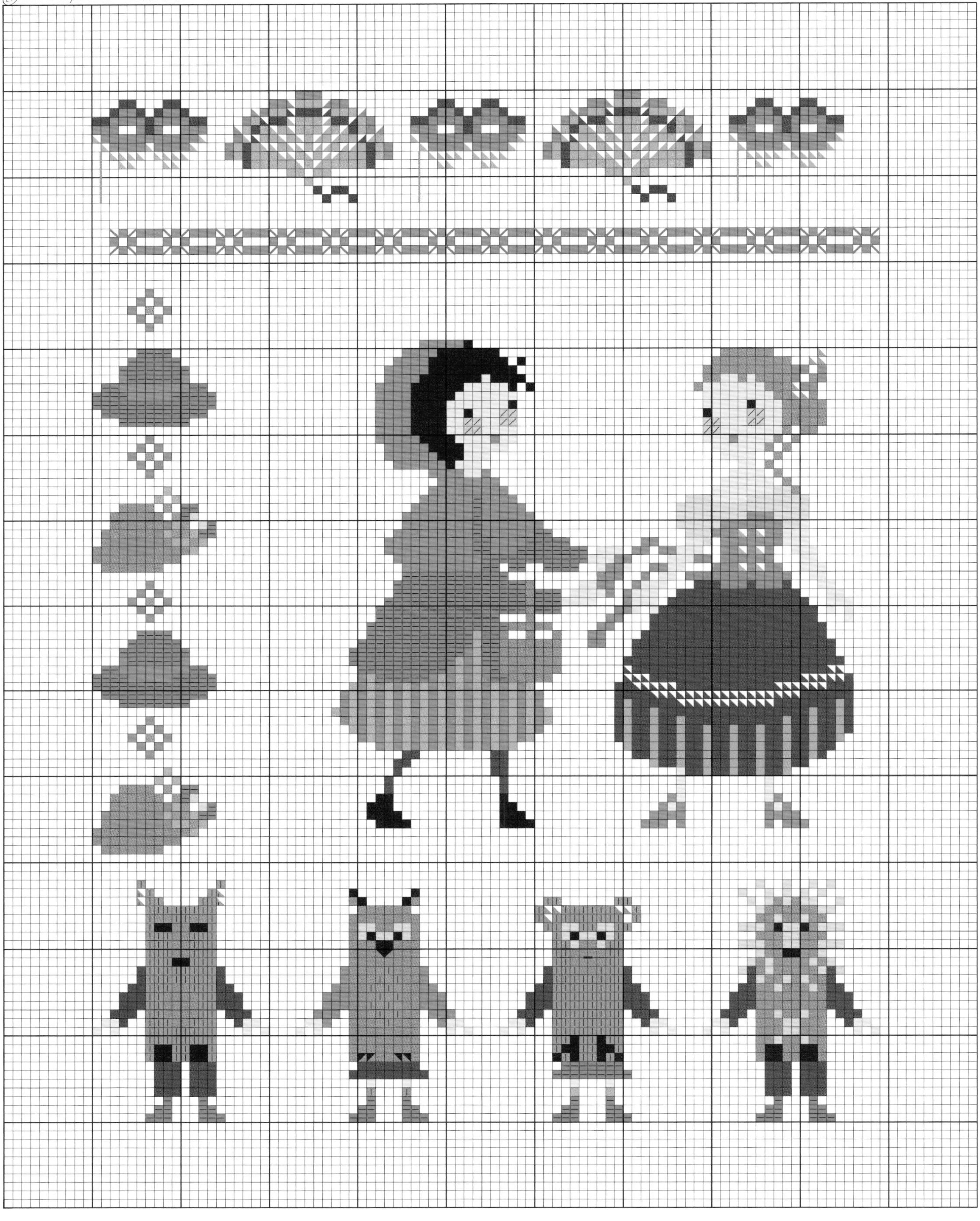

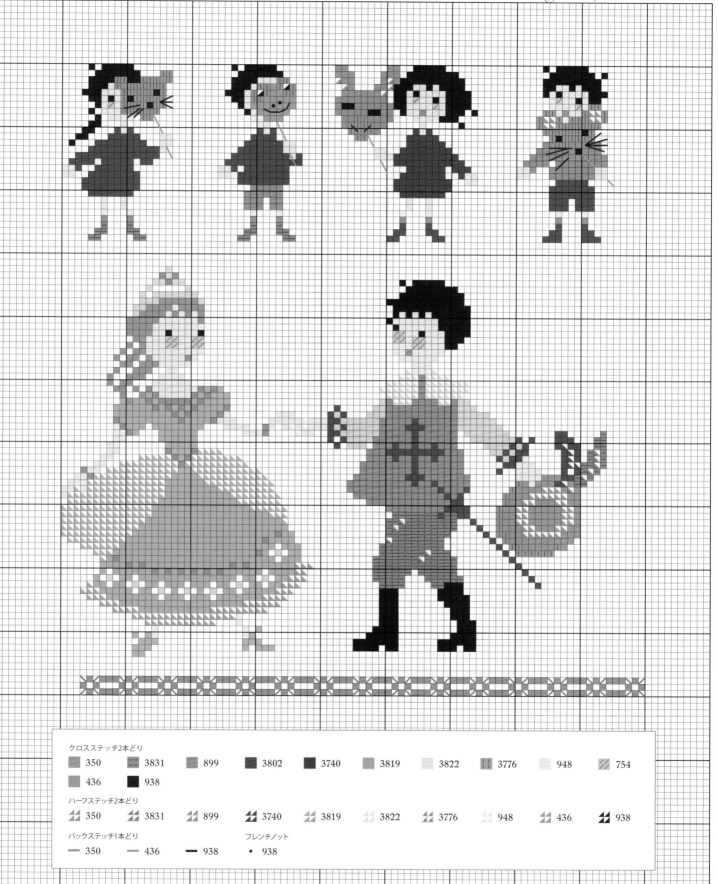

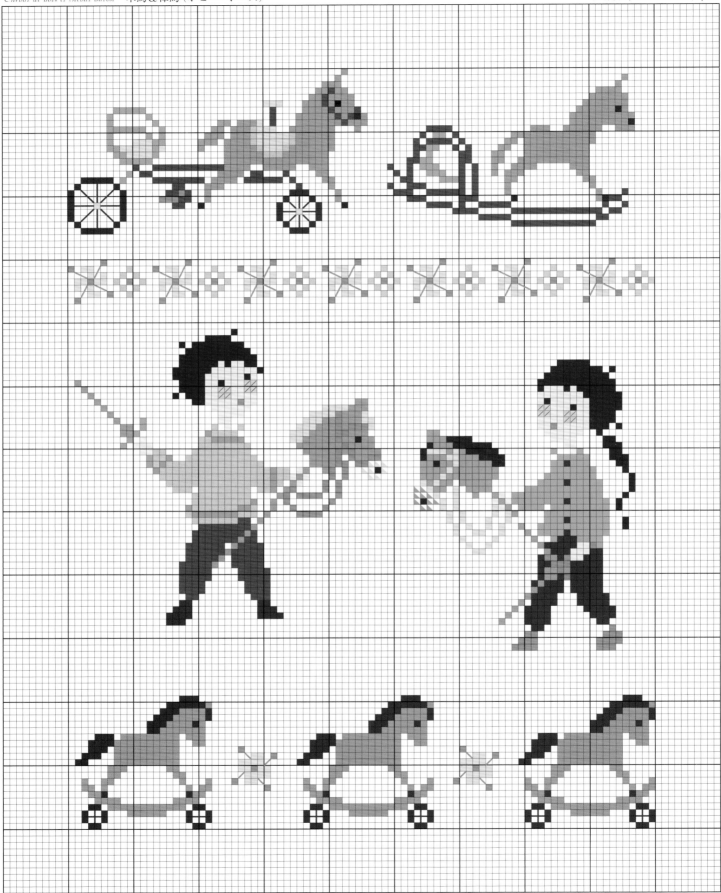

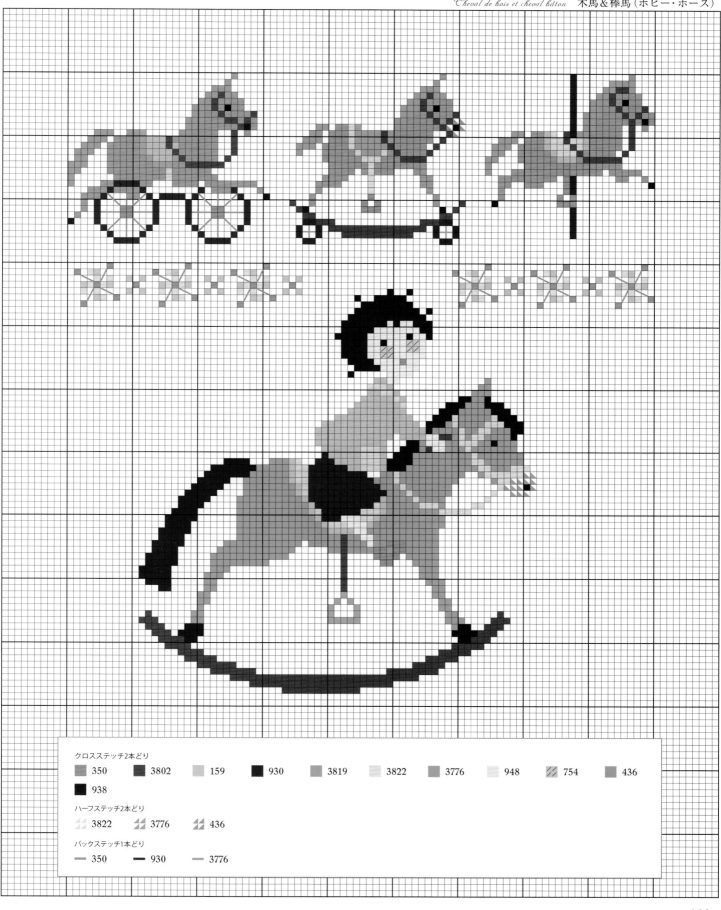

憧れのお仕事

大きくなったらなにになりたい？ 子どものころによく、大人から聞かれたことがあったはず。パン屋さんや花屋さん、先生や消防士など、世界中でおなじみのお仕事をはじめ、ワイン醸造家や調香師といったフランスならではの職業まで……。子どもたちが夢見る未来を、ひと針、ひと針、糸で描きながら、あのころの無邪気な自分に思いを重ねて。

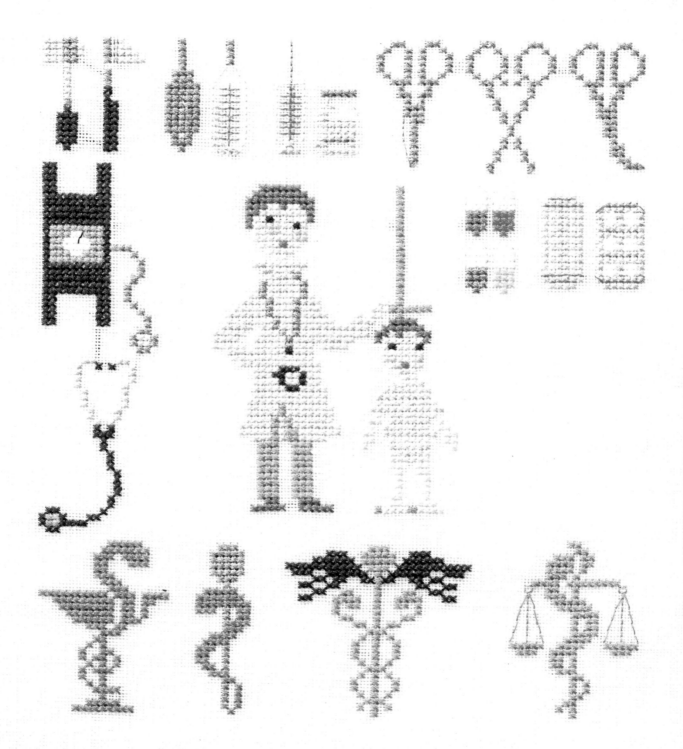

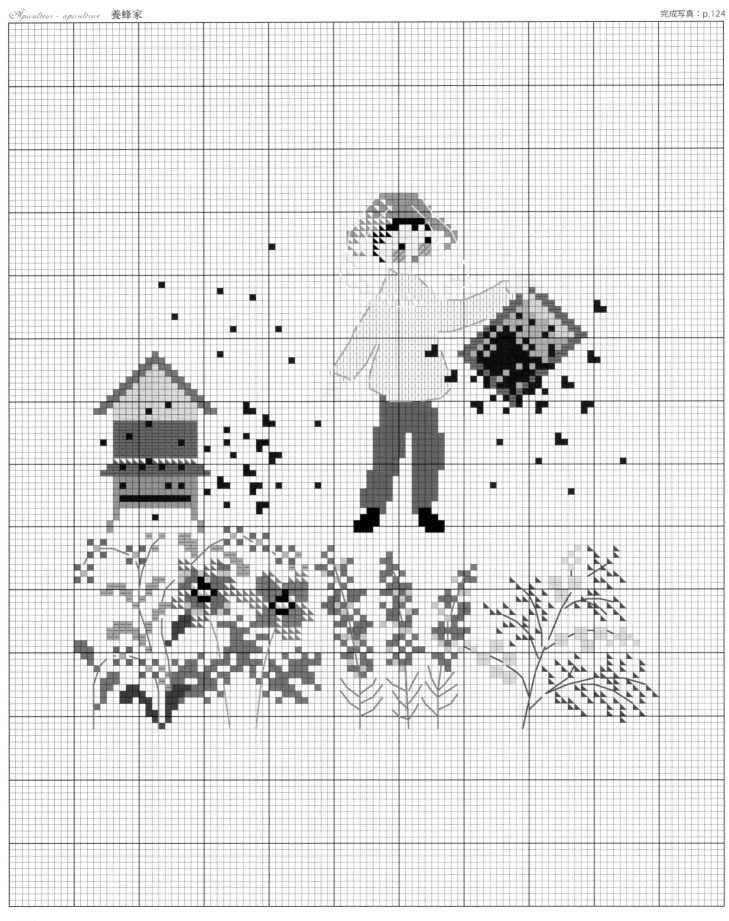

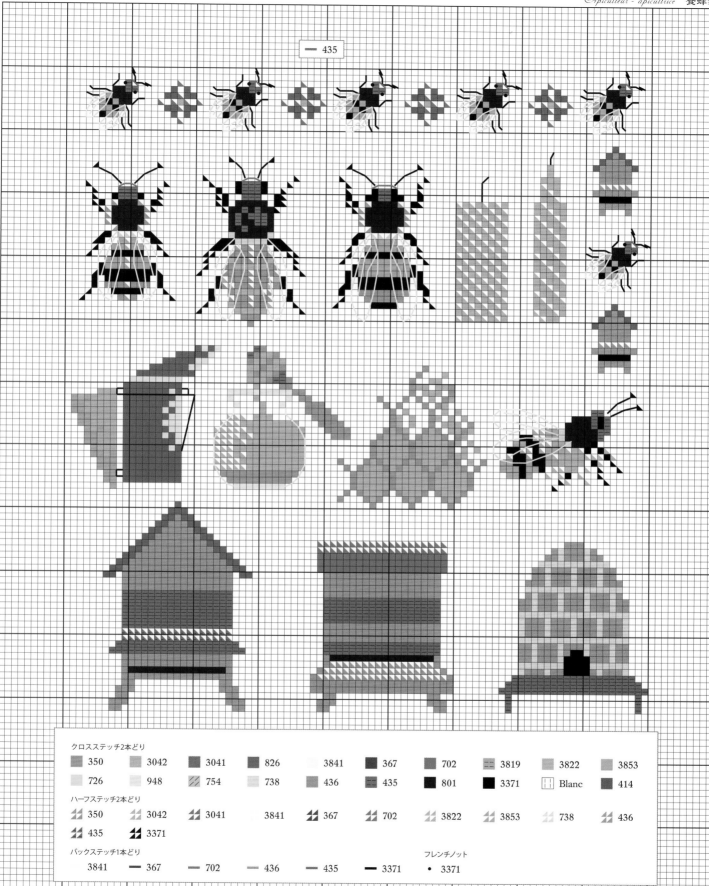

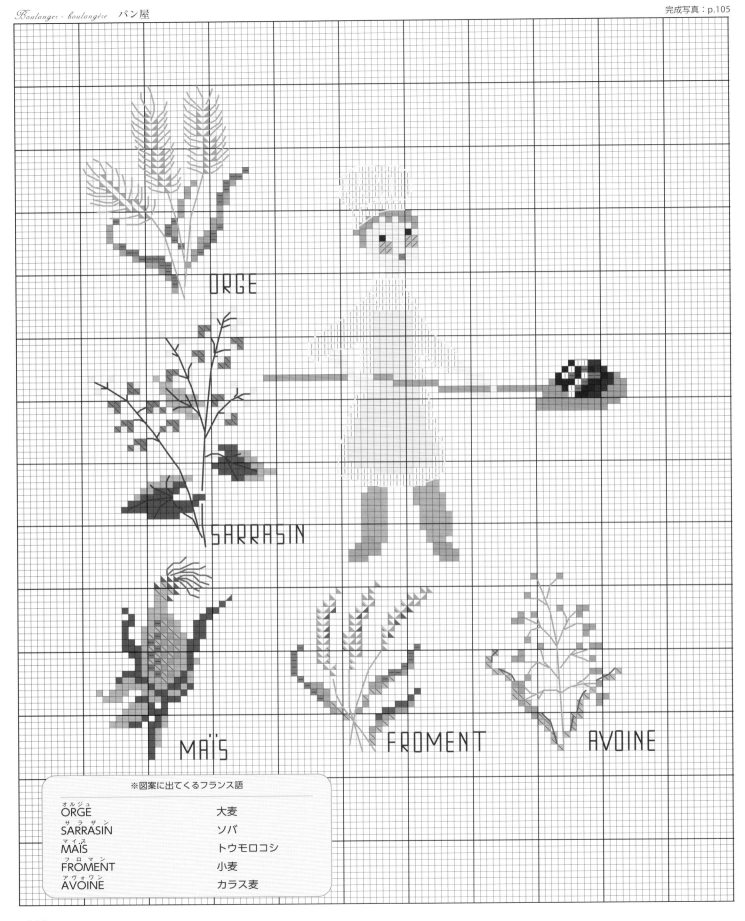

ORGE

SARRASIN

MAÏS

FROMENT

AVOINE

※図案に出てくるフランス語	
ORGE（オルジュ）	大麦
SARRASIN（サラザン）	ソバ
MAÏS（マイス）	トウモロコシ
FROMENT（フロマン）	小麦
AVOINE（アヴォワンヌ）	カラス麦

クロスステッチ2本どり

	350		3041		3841		932		367		3819		3822		918		948		754
	3860		436		435		434		801		644		Blanc		415		414		

ハーフステッチ2本どり

| | 367 | | 3822 | | 3860 | | 436 | | 434 | | Blanc | | 414 |

バックステッチ1本どり

| | 3841 | | 3819 | | 918 | | 3860 | | 436 | | 801 | | 414 |

※本ページで表示されている3819の糸の色は実際の色（黄緑）とは異なります。

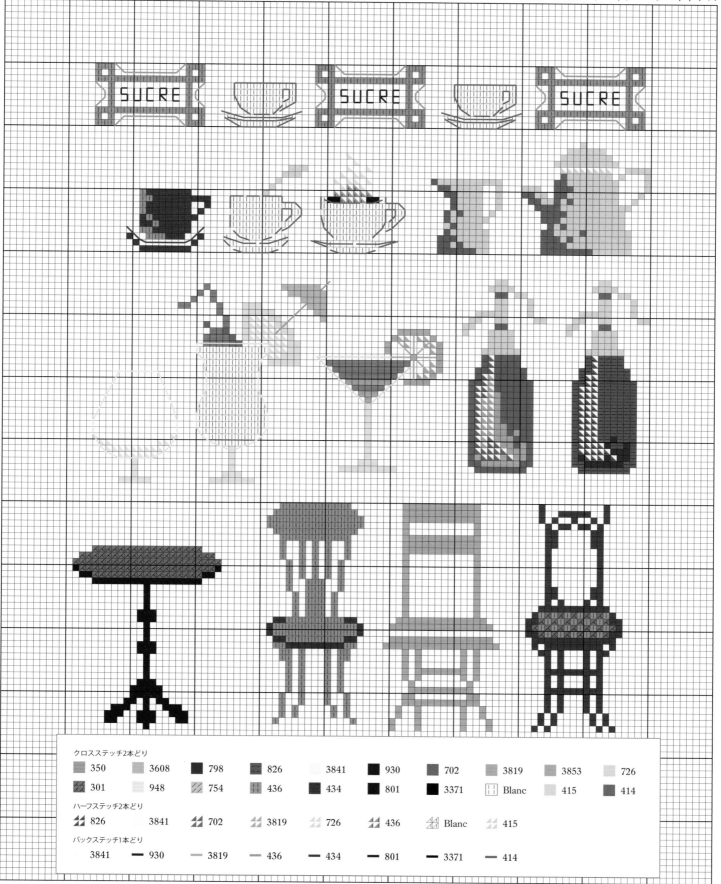

クロスステッチ2本どり

▨ 350	3608	■ 798	▤ 826	3841	■ 930	▨ 702	▨ 3819	3853	726
▨ 301	948	▨ 754	▥ 436	■ 434	■ 801	■ 3371	⊟ Blanc	415	■ 414

ハーフステッチ2本どり

◢ 826	3841	◢ 702	◢ 3819	◢ 726	◢ 436	◢◢ Blanc	◢ 415

バックステッチ1本どり

3841	— 930	— 3819	— 436	— 434	— 801	— 3371	— 414

※本ページで表示されている3819の糸の色は実際の色（黄緑）とは異なります。

— 436

— 3041

— 436

— 3328

クロスステッチ2本どり

| 3328 | 350 | 3042 | 3041 | 826 | 367 | 3822 | 301 | 221 | 948 |
| 754 | 3860 | 436 | 435 | 3371 | 646 | 415 | 414 | | |

ハーフステッチ2本どり

| 3328 | 350 | 3041 | 3822 | 221 | 436 | 435 | 414 |

バックステッチ1本どり

| — 3328 | — 350 | — 3041 | — 367 | — 221 | — 3860 | — 436 | — 435 | — 3371 | — 414 |

3822

3819

3822

3819

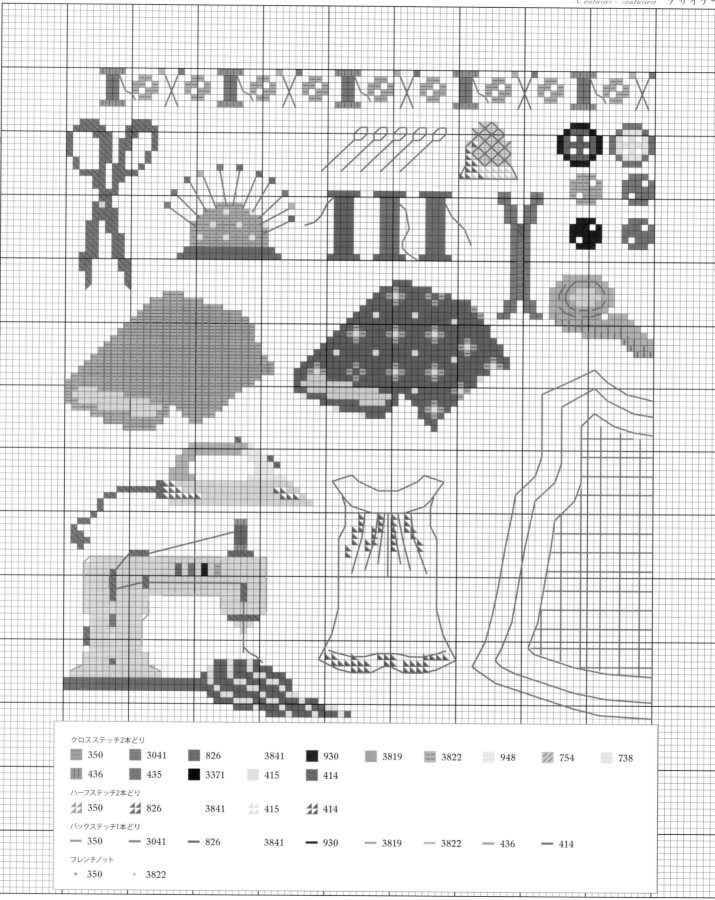

クロスステッチ2本どり									
350	3841	930	367	3819	3822	3853	301	221	948
754	738	436	435	801	3371	646	Blanc	414	

ハーフステッチ2本どり									
350	930	367	3819	3822	3853	221	436	3371	646
414									

バックステッチ1本どり						
367	3819	436	801	3371	646	Blanc	414

※本ページで表示されている3819の糸の色は実際の色（黄緑）とは異なります。

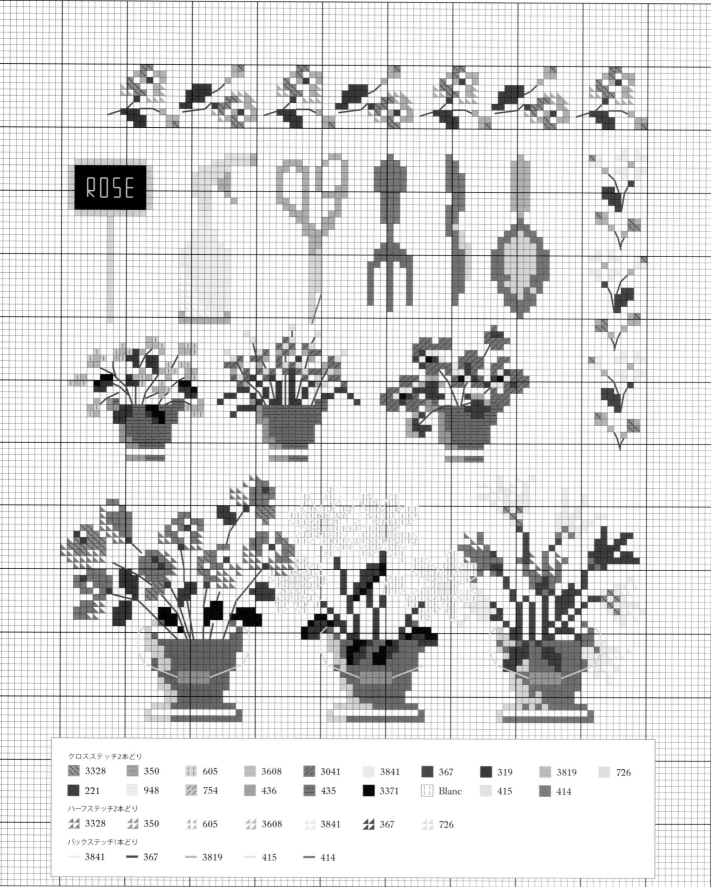

ROSE

クロスステッチ2本どり						

クロスステッチ2本どり

3328	350	605	3608	3041	3841	367	319	3819	726
221	948	754	436	435	3371	Blanc	415	414	

ハーフステッチ2本どり

3328	350	605	3608	3841	367	726

バックステッチ1本どり

3841	367	3819	415	414

※本ページで表示されている3819の糸の色は実際の色（黄緑）とは異なります。

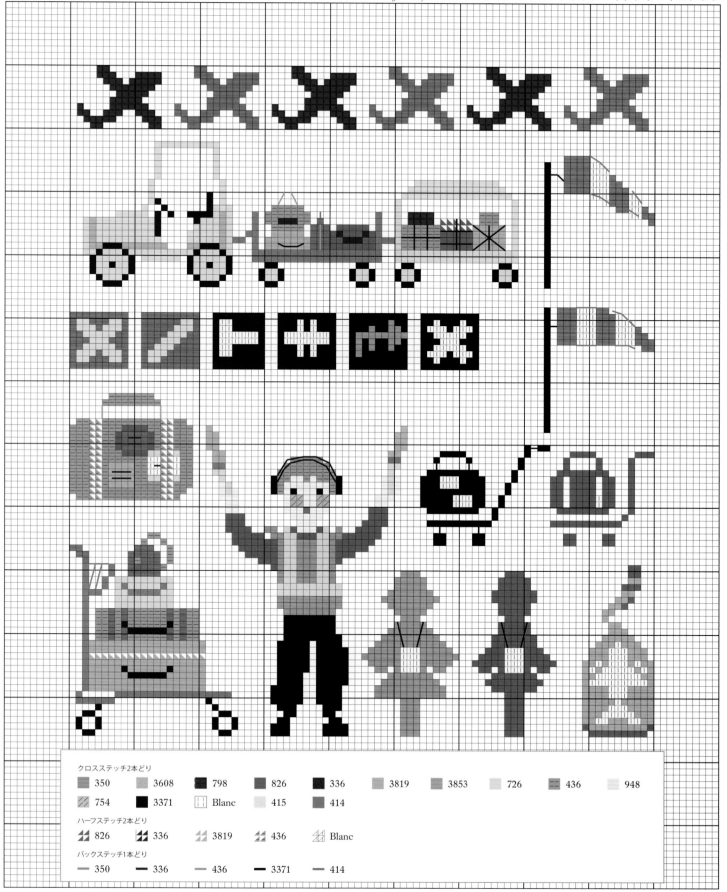

※本ページで表示されている3819の糸の色は実際の色（黄緑）とは異なります。

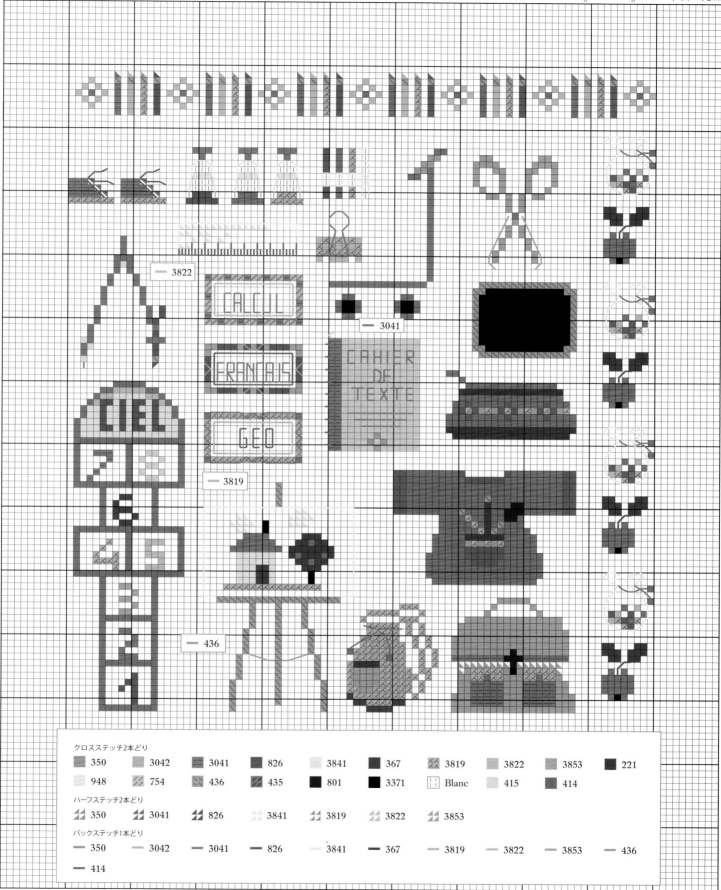

クロスステッチ2本どり

	350		3042		3041		826		3841		367		3819		3822		3853		221
	948		754		436		435		801		3371		Blanc		415		414		

ハーフステッチ2本どり

	350		3041		826		3841		3819		3822		3853

バックステッチ1本どり

—	350	—	3042	—	3041	—	826	—	3841	—	367	—	3819	—	3822	—	3853	—	436

— 414

※本ページで表示されている3819の糸の色は実際の色（黄緑）とは異なります。

完成写真：p.125

※図案に出てくるフランス語

OPÉRA　オペラ

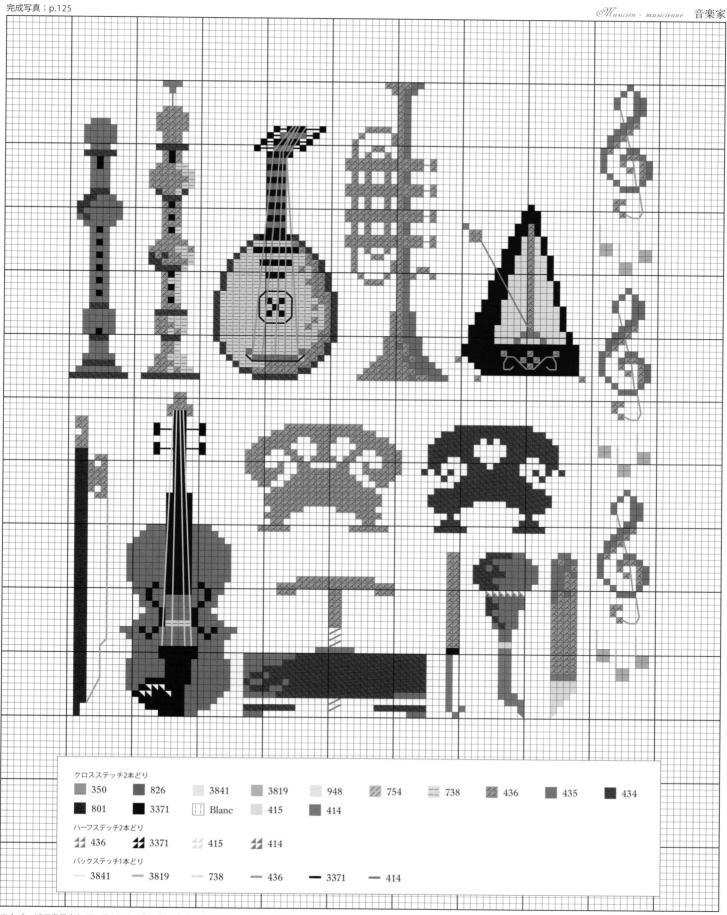

完成写真：p.106

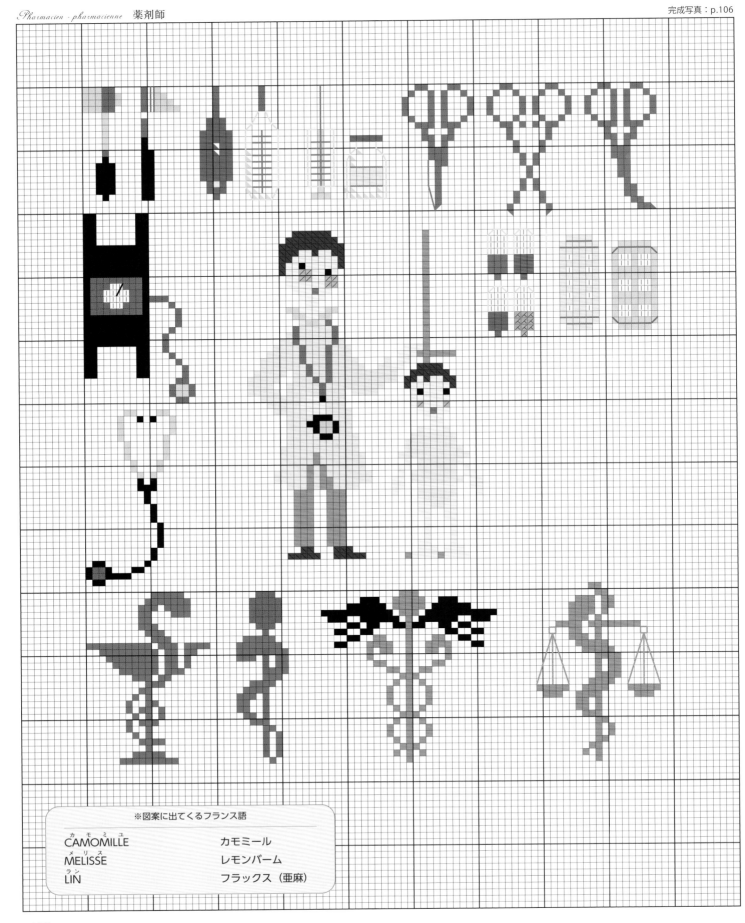

※図案に出てくるフランス語

カ モ ミ ユ CAMOMILLE	カモミール
メ リ ス MELISSE	レモンバーム
ラン LIN	フラックス（亜麻）

CAMOMILLE　　　　　MELISSE　　　　　　　　LIN

クロスステッチ2本どり
| | 350 | | 3042 | | 3041 | | 826 | | 3841 | | 367 | | 319 | | 702 | | 3819 | | 3822 |
| | 726 | | 918 | | 948 | | 754 | | 436 | | 434 | | 3371 | | Blanc | | 415 | | 414 |

ハーフステッチ2本どり
| | 826 | | 3841 | | 702 | | 3819 | | 918 | | 436 | | 415 | | 414 |

フレンチノット
・ 702

バックステッチ1本どり
— 350　　— 3041　　— 826　　— 3841　　— 367　　— 702　　— 436　　— 3371　　— 415　　— 414

※本ページで表示されている3819の糸の色は実際の色（黄緑）とは異なります。

131

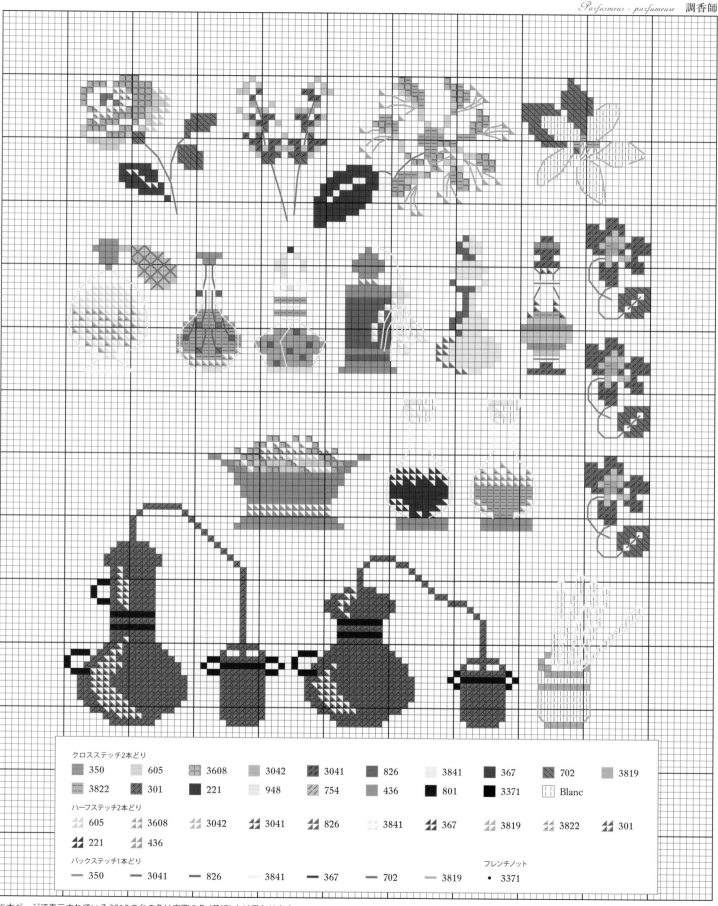

クロスステッチ2本どり
350		605		3608		3042		3041		826		3841	
367		702		3819		3822		301		221		948	
754		436		801		3371		Blanc					

ハーフステッチ2本どり
605	3608	3042	3041	826	3841	367	3819	3822	301	221	436

バックステッチ1本どり
350 　 3041 　 826 　 3841 　 367 　 702 　 3819

フレンチノット
● 3371

※本ページで表示されている3819の糸の色は実際の色（黄緑）とは異なります。

完成写真：p.135

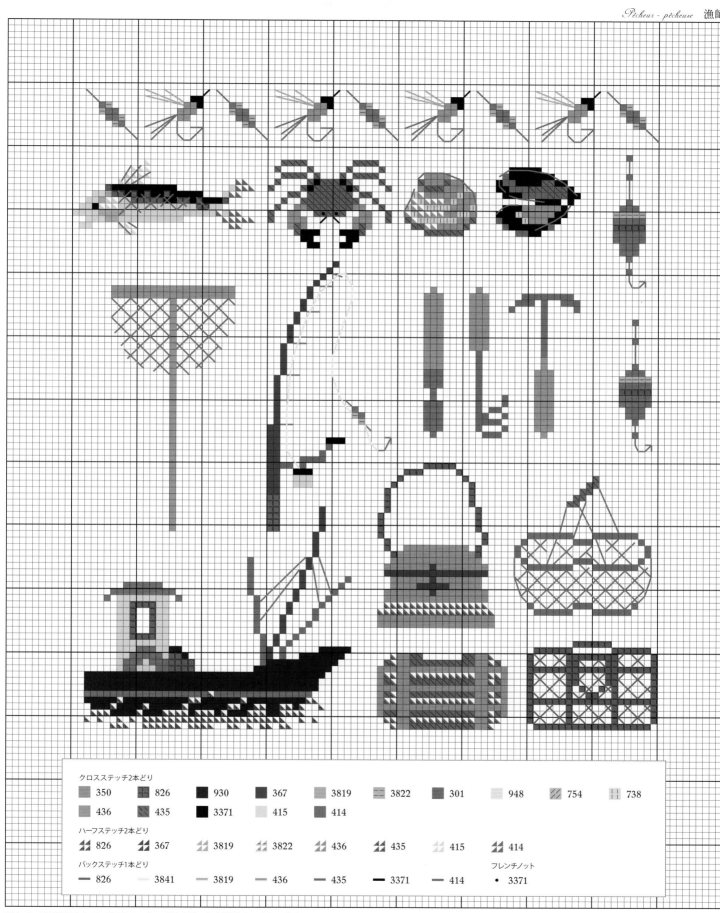

クロスステッチ2本どり
350　826　930　367　3819　3822　301　948　754　738
436　435　3371　415　414

ハーフステッチ2本どり
826　367　3819　3822　436　435　415　414

バックステッチ1本どり
826　3841　3819　436　435　3371　414

フレンチノット
● 3371

※本ページで表示されている3819の糸の色は実際の色（黄緑）とは異なります。

Sapeur pompier - sapeuse pompier 消防士

COURAGE ET DÉVOUEMENT

SAUVER OU PÉRIR

※図案に出てくるフランス語

COURAGE ET DÉVOUEMENT　勇気と献身

SAUVER OU PÉRIR　　　救助できねば命を落とす

※ 2018年公開の映画、『スルー・ザ・ファイヤー 炎の傷跡』の原題

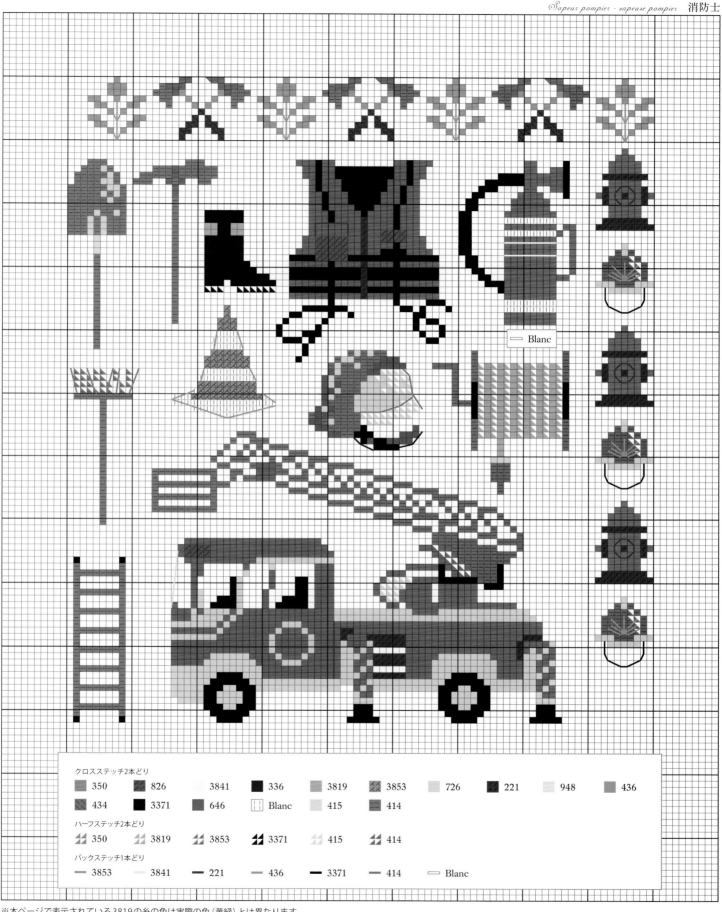

Blanc

クロスステッチ2本どり

350	826	3841	336	3819	3853	726	221	948	436
434	3371	646	Blanc	415	414				

ハーフステッチ2本どり

350	3819	3853	3371	415	414

バックステッチ1本どり

3853	3841	221	436	3371	414	Blanc

※本ページで表示されている3819の糸の色は実際の色（黄緑）とは異なります。

■ 350

※図案に出てくるフランス語

ヴァン・ダルザス
VIN D'ALSACE　　　　　　アルザスのワイン
ボルドー
BORDEAUX　　　　　　　　ボルドー

※本ページで表示されている3819の糸の色は実際の色（黄緑）とは異なります。

Chapitre 5　Un air de fête

四季のお祭り & 行事

クリスマスをメインイベントに、フランスでは宗教にまつわる年中行事が多く、お菓子が彩りをそえます。1月の公現祭にはガレット・デ・ロワと呼ばれるパイ、春のカーニバルシーズンには揚げ菓子、そして復活祭のチョコレートとつづきます。6月の夏至の日には街中で音楽が演奏され、7月14日のパリ祭を迎えるとバカンスムード一色に。

JOYEUX NOEL

※図案に出てくるフランス語

ボ・ナ・ネ
Bonne Année　　　　　　あけましておめでとう

クロスステッチ2本どり

| 350 | 3832 | 3041 | 3841 | 367 | 319 | 3348 | 3822 | 221 | 948 |
| 754 | 437 | 436 | 3031 | Blanc |

ハーフステッチ2本どり

367　3822　436

バックステッチ1本どり
— 350　— 3841　— 367　— 319　— 436　— 3031

フレンチノット
・ 3822　• 221

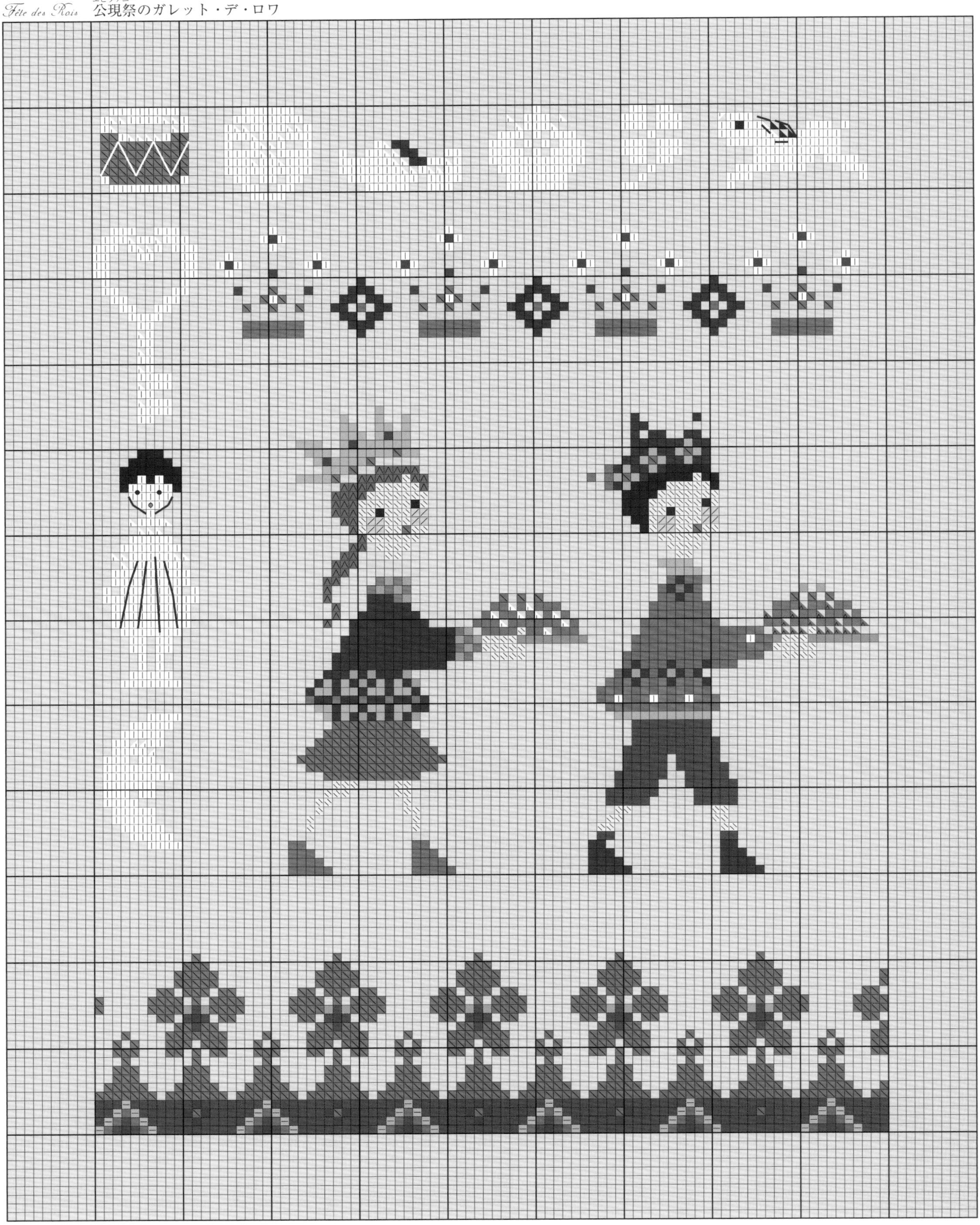

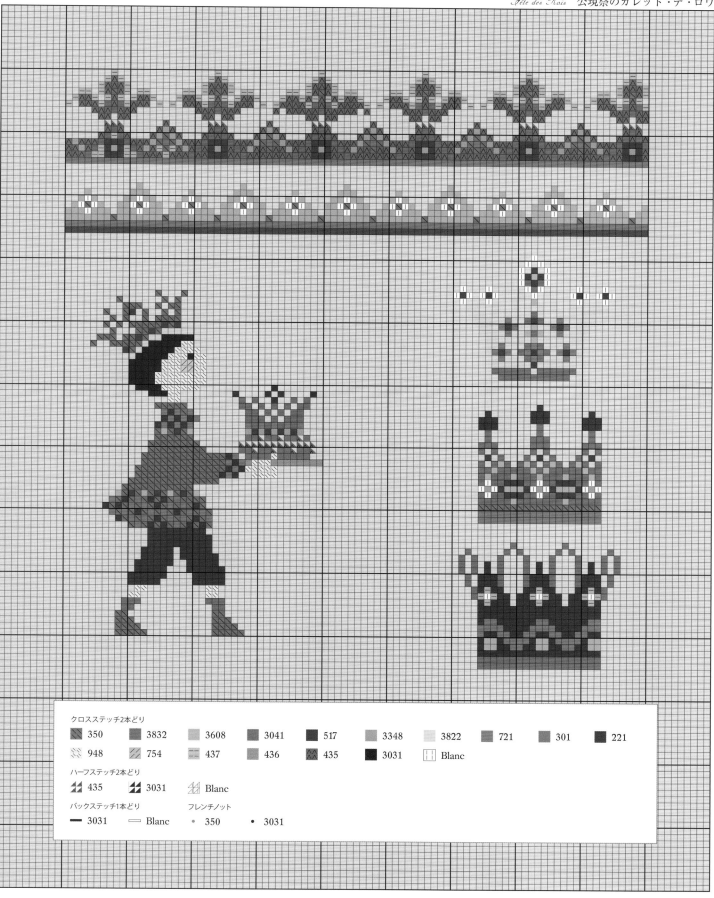

クロスステッチ2本どり

350	3832	3608	3041	517	3348	3822	721	301	221
948	754	437	436	435	3031	Blanc			

ハーフステッチ2本どり

435　3031　Blanc

バックステッチ1本どり　　　フレンチノット

—— 3031　　　・ 350
＝＝ Blanc　　　・ 3031

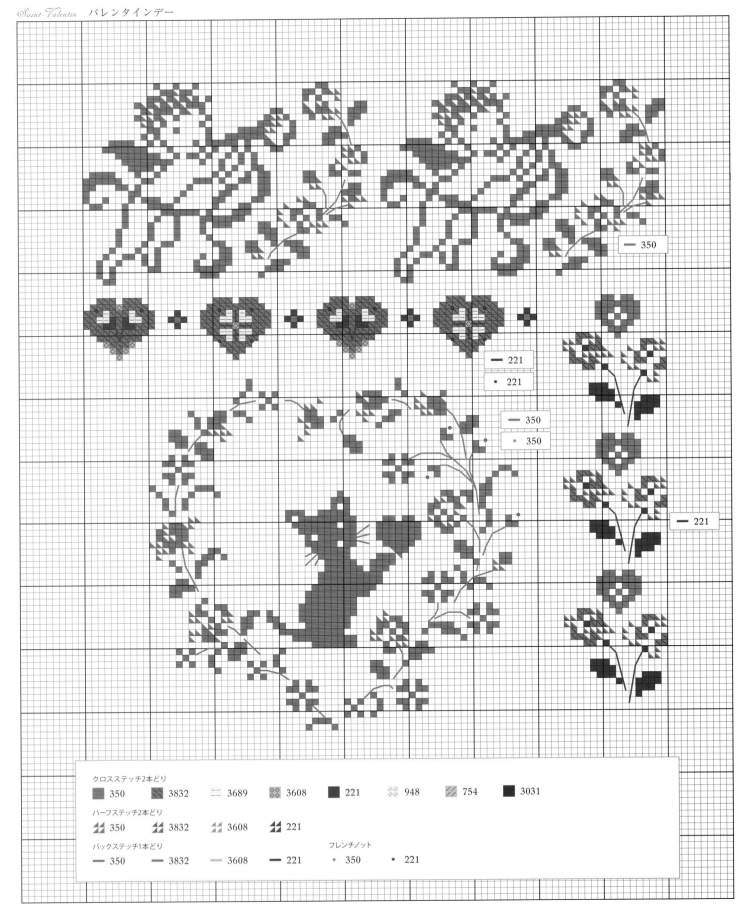

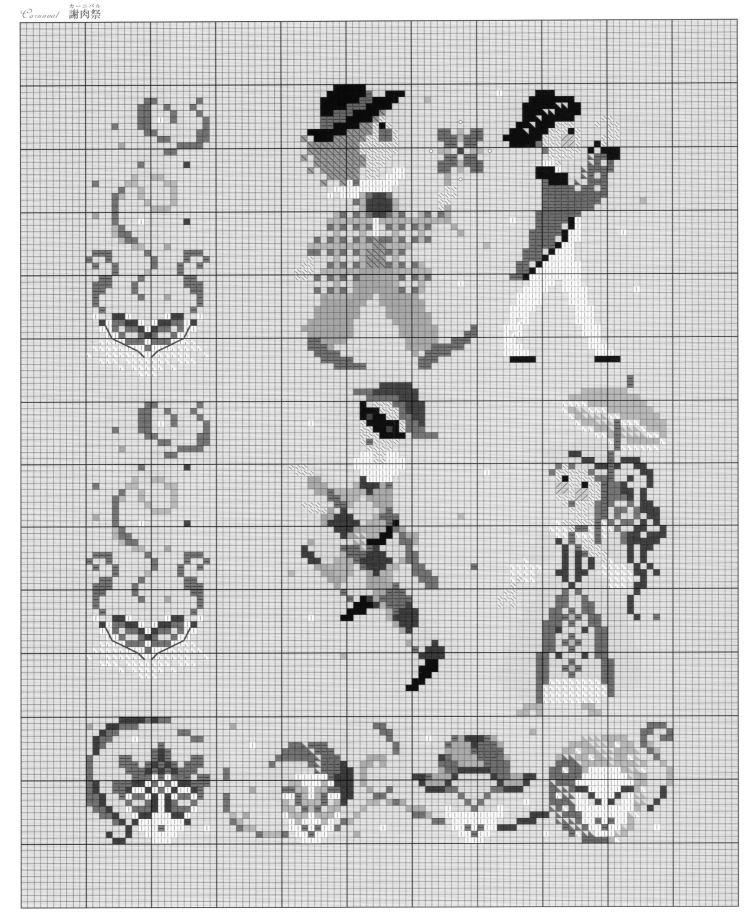

クロスステッチ2本どり
| 350 | 3832 | 3608 | 517 | 3348 | 3822 | 721 | 221 | 948 | 754 |

| 435 | 3371 | Blanc |

ハーフステッチ2本どり
| 350 | 3832 | 3608 | 517 | 3348 | 3371 | Blanc |

バックステッチ1本どり
| 350 | 3348 | 221 |

フレンチノット
| • 350 | • 3371 | ○ Blanc |

クロスステッチ2本どり

■ 350	■ 367	■ 319	▨ 3348	▨ 702	▨ 3822	▯ 721	■ 301	▨ 948	▨ 754
▨ 437	▨ 436	■ 3371	▯ Blanc						

ハーフステッチ2本どり

▨ 3841	◪ 367	▨ 3822	◪ 3371

バックステッチ1本どり

— 367	— 319	— 3348	— 702	— 437

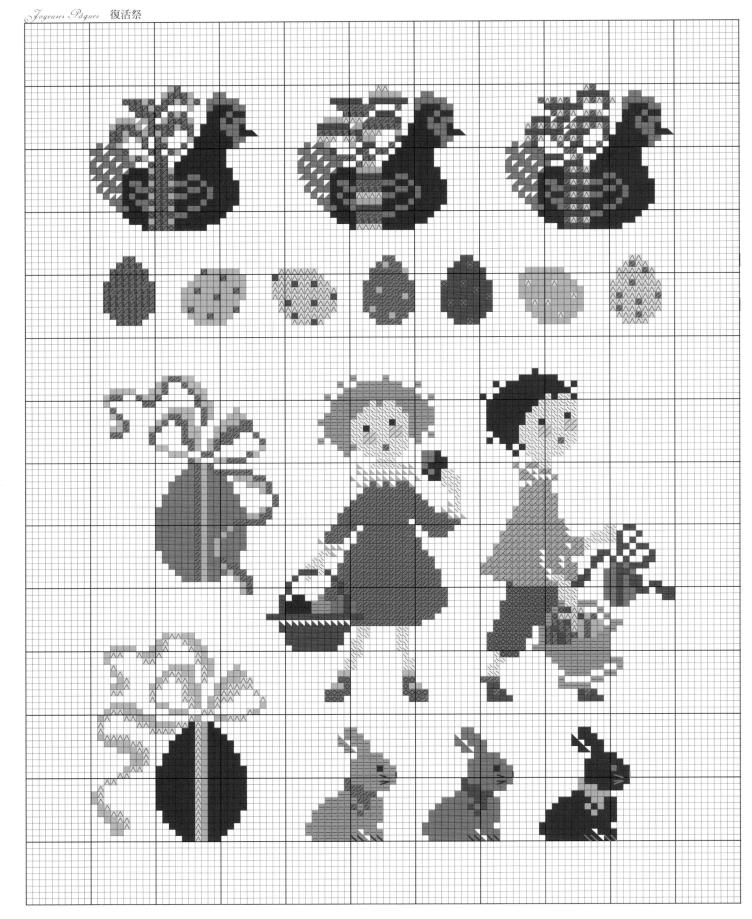

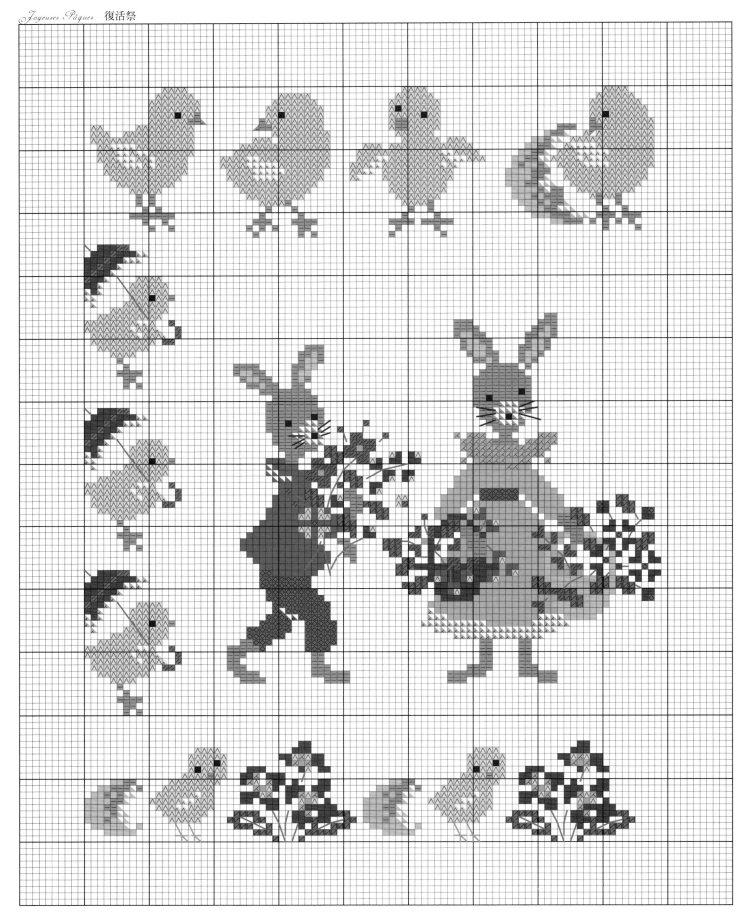

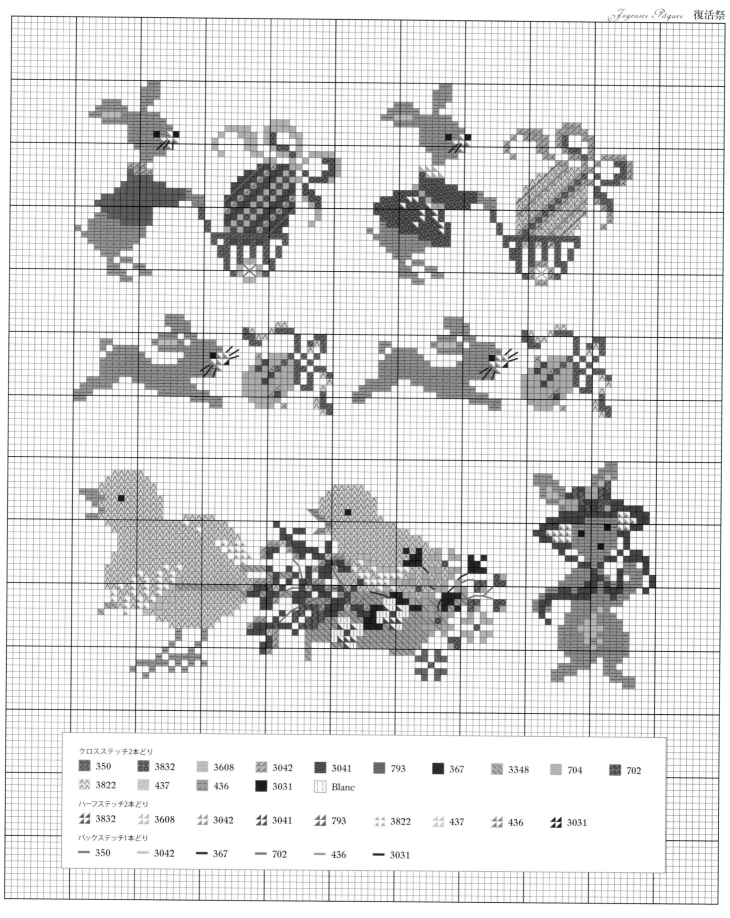

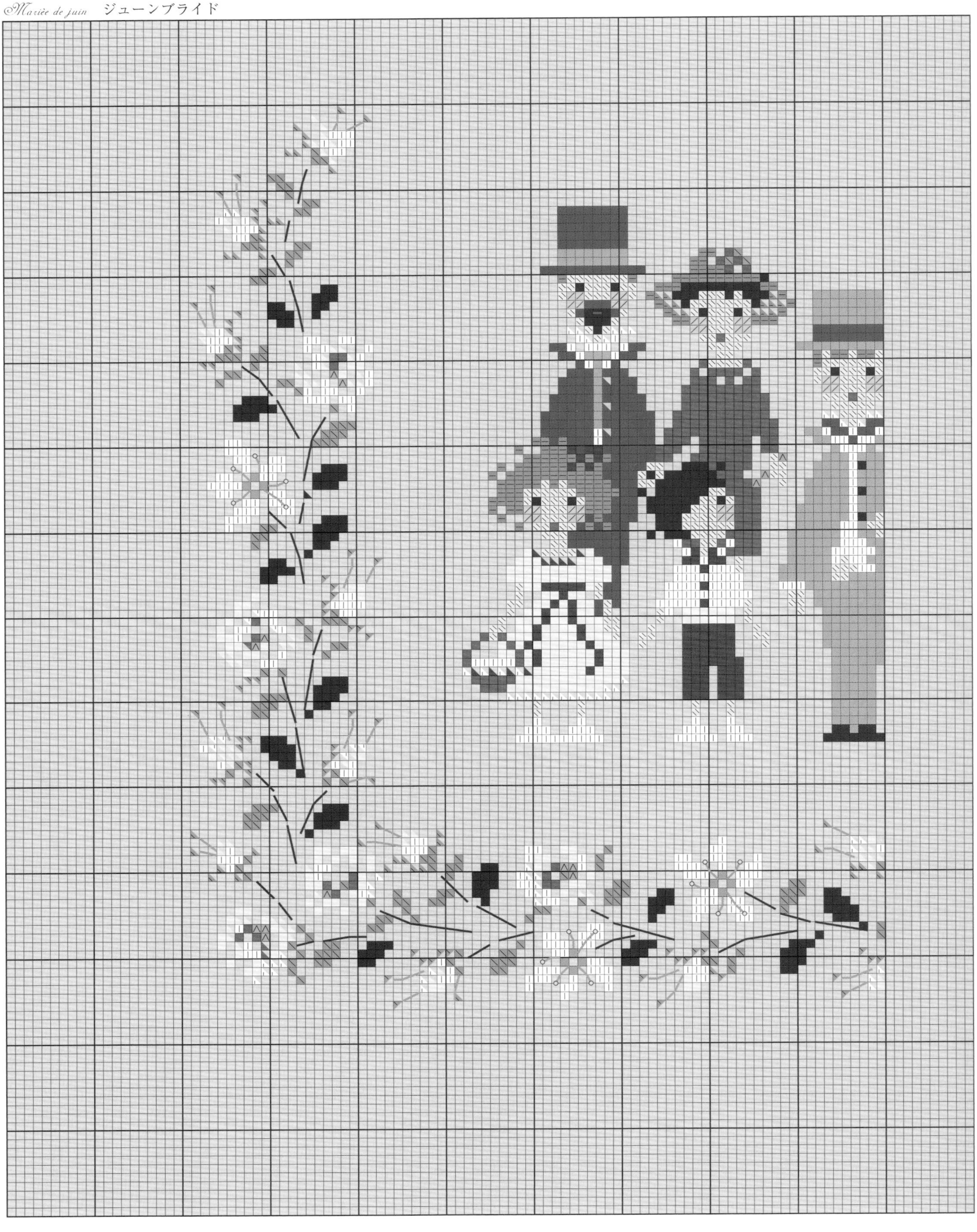

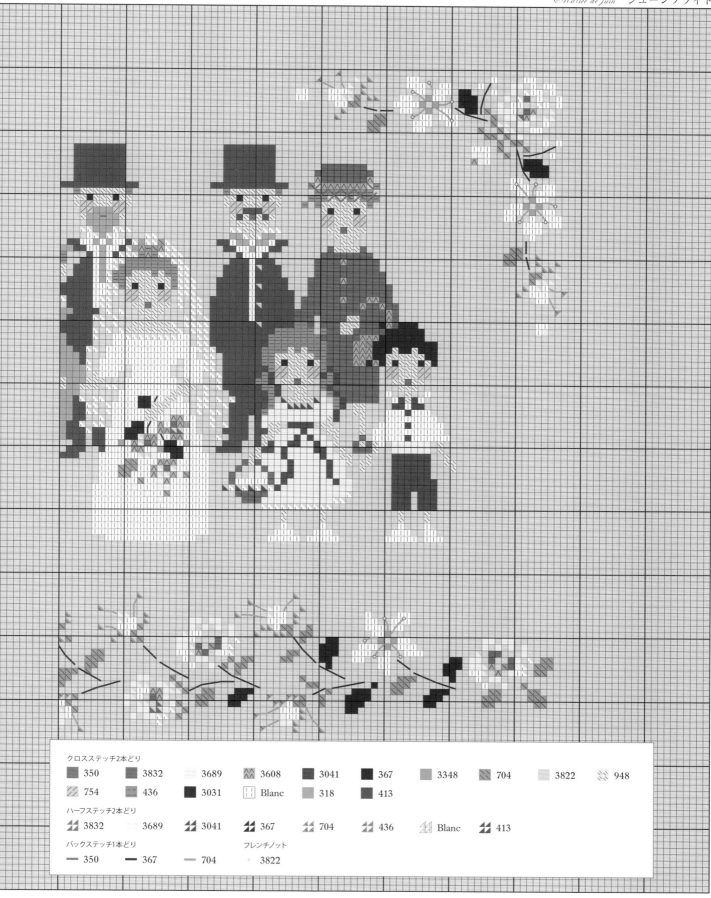

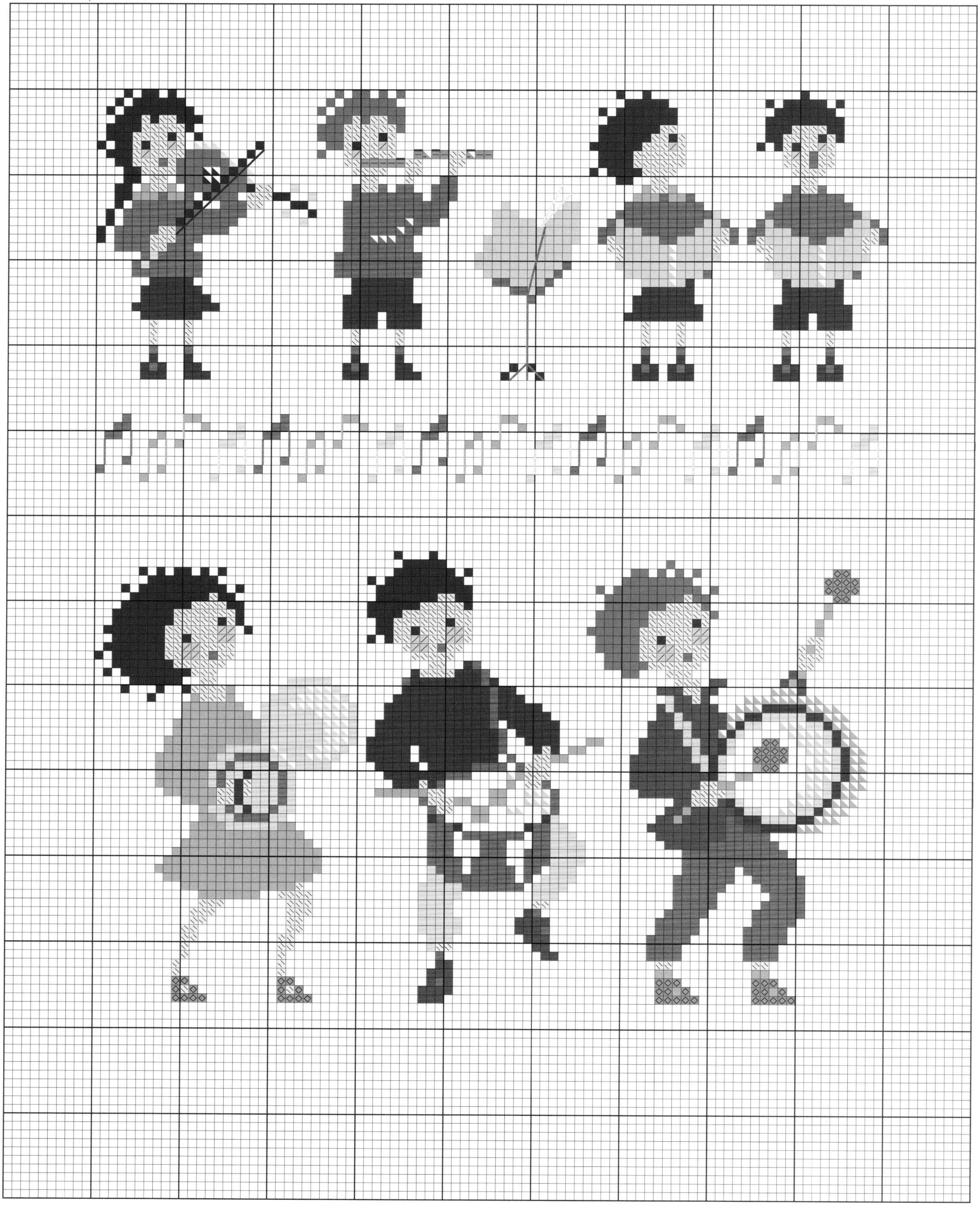

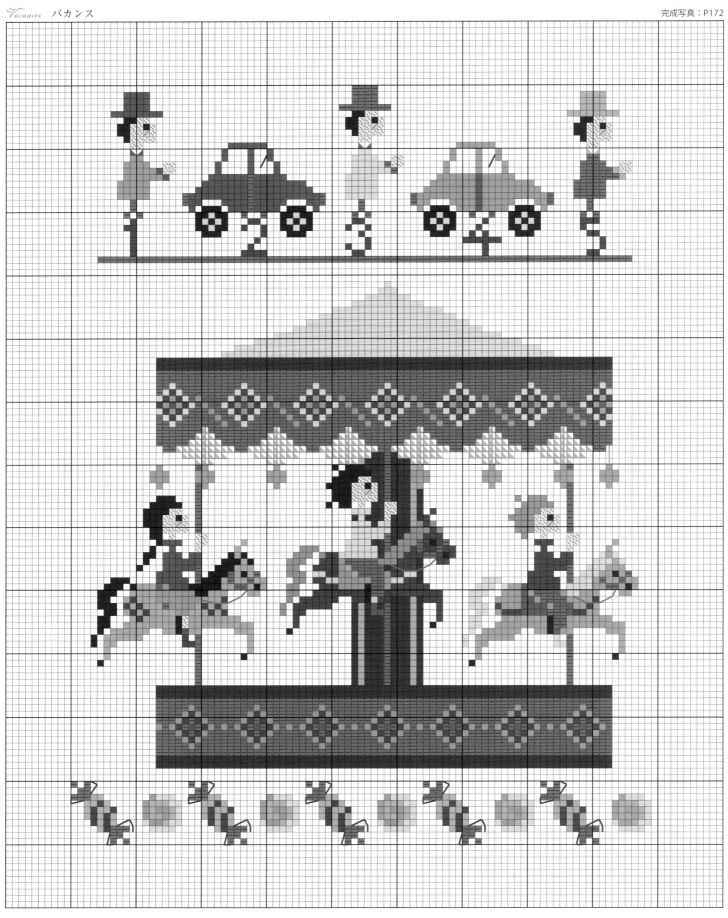

クロスステッチ2本どり

■ 350	■ 3608	■ 3042	■ 3041	■ 793	■ 704	■ 3822	■ 221	░ 948	▨ 754
■ 436	■ 3031	▯ Blanc	■ 318						

ハーフステッチ2本どり

◪ 350	◪ 3608	◪ 793	◪ 704	◪ 436

バックステッチ1本どり

— 350	— 704	— 221	— 436	— 3031	— 413

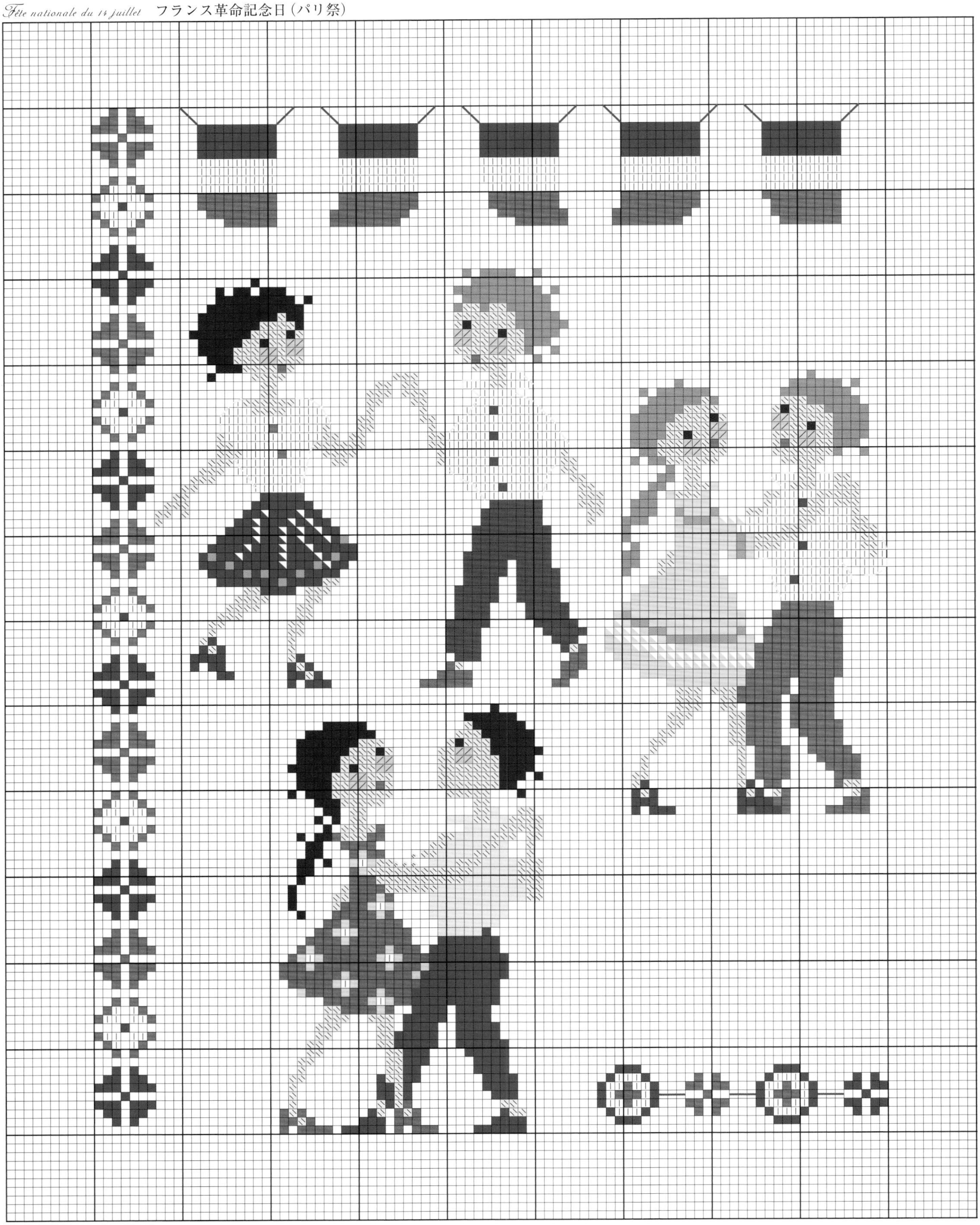

クロスステッチ2本どり

■ 350　　■ 3041　　■ 798　　▨ 3841　　▨ 704　　▨ 3822　　▨ 948　　▨ 754　　■ 436　　■ 435

■ 3031　　⊞ Blanc

ハーフステッチ2本どり

◢◢ 350　　◢◢ 3041　　◢◢ 798　　◢◢ 3822　　◢◢ 948　　◢◢ 436

バックステッチ1本どり

— 350　　— 798　　— 3841　　— 3822　　— 3031

※図案に出てくるフランス語

ジョワイユー・ノエル
JOYEUX NOEL　　　　　メリー・クリスマス

クロスステッチ2本どり

■ 350	■ 3832	■ 3608	■ 3041	■ 793	■ 367	■ 319	▨ 3822	■ 221	▨ 948
▨ 754	■ 436	▧ 435	■ 3031	⊞ Blanc					

ハーフステッチ2本どり

◪ 3608   ◪ 221

バックステッチ1本どり

— 350   — 3608   — 3041   — 3841   — 319   — 3822

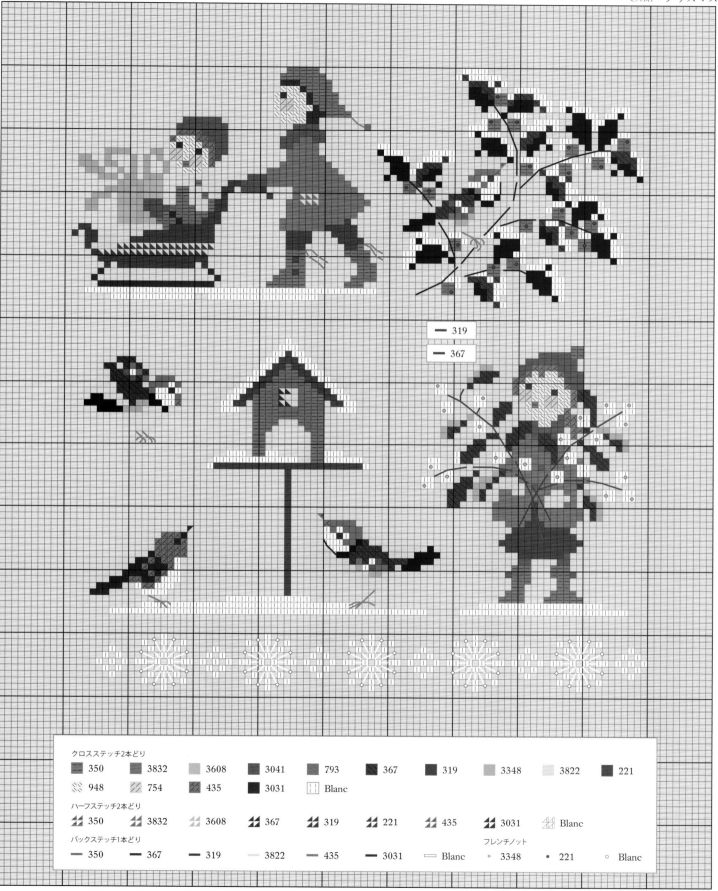

| — | 319 |
| — | 367 |

クロスステッチ2本どり

	350		3832		3608		3041		793		367		319		3348		3822		221
	948		754		435		3031		Blanc										

ハーフステッチ2本どり

	350		3832		3608		367		319		221		435		3031		Blanc

バックステッチ1本どり / **フレンチノット**

—	350	—	367	—	319	—	3822	—	435	—	3031	—	Blanc	•	3348	•	221	○	Blanc

刺しゅうの出来上がりサイズと目数について

ステッチを始める前に

・布を選んだら、後に述べる方法で図案の出来上がりサイズを割り出し、布をカットします。図案のモチーフをステッチしやすいように、余裕を持たせましょう。また、額に入れる場合や、縫い合わせて作品に仕上げる場合は、モチーフの周りに余白を持たせることも忘れずに。

・布をカットしたら、ほつれ防止のために縁をかがる。

・布を4つ折りにして中心を見つける。大きなタペストリーなど複雑な図案をステッチする場合は、縦と横の中心線をしつけ糸で縫っておけば目印となり、ステッチが刺しやすくなります（ステッチが仕上がったらしつけ糸は取り除くので、きつく刺しすぎないこと）。

チャート

チャートは小さな方眼状になっていて、それぞれのマス目の色は、ステッチに使う糸の色と対応しています。各色の番号は、DMCの刺しゅう糸に対応しています。

チャートをカラーコピーで拡大すれば、見やすくなって、作業がはかどるでしょう。

カウントについて

「Counted」の略で、「ct」と表記し、1インチ（2.54cm）の中に布目が何目あるのかをいいます。例えば、11ctは、1インチに11目あるという意味で、カウント数が増えるにしたがって目は細かくなっていきます。

出来上がりサイズ

出来上がりサイズは、使う布の目数によって変わってきます。1cmあたりの目数が多ければ多いほど、ステッチの数は多くなり、モチーフは小さくなります。出来上がりが何cmになるかを割り出すには、次の方法にしたがって計算してください。

1. 布1cmあたりの目数を、何目ごとにステッチするかで割り、1cmあたりのステッチの数を割り出します。

例）1cm＝11目の布に2目刺しする場合、ステッチは1cmあたり5.5目（11目÷2目ごと）。

2. チャートのステッチ数（幅＆高さのマス目の数）を数え、その数を5.5で割れば、出来上がりサイズが割り出せます。

例）：200目（幅）×250目（高さ）の場合

幅：200÷5.5＝約36cm

高さ：250÷5.5＝約45cm

カウントについて

以下は、布の目数とステッチの目数の換算表です。図案の出来上がりサイズを割り出すのに参考にしてください。

布の目数	1cmあたりのクロスステッチの数（2目刺しの場合）	カウント
エタミン		
1cm＝5目	2.5目	13ct
1cm＝10目	5目	25ct
1cm＝11目	5.5目	28ct
リネン		
1cm＝5目	2.5目	13ct
1cm＝10目	5目	25ct
1cm＝11目	5.5目	28ct

本書では、「ハーフ・クロスステッチ」を「ハーフステッチ」と表記しています。「ハーフステッチ」は2本どり、「バックステッチ」は1本どりで刺しゅうしています。糸の本数について別な指定がある場合は、各チャートに明記しています。

これは便利！ステッチのバリエーション

✳クロスステッチといっしょに使えるステッチと、針から抜けにくい糸の通し方

線をバックステッチまたはホルベインステッチで刺すことができます。チャートでは、線で描かれている部分をバックステッチ（B.S）と表記していることが多いのですが、バックステッチに限らずホルベインステッチ（ダブル・ランニングステッチ）で刺すこともできます。表から見るとほぼ同じ針目に見えますが、バックステッチよりも、ホルベインステッチの方がつながりのよいなめらかな線が表現しやすいステッチです。

■ バックステッチ

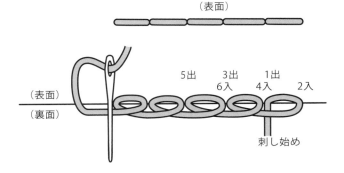

■ ホルベインステッチ

戻るとき糸の脇に刺す、
戻るとき糸を割って刺す

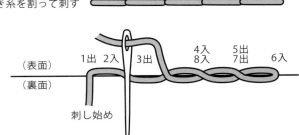

▶ バックステッチまたはホルベインステッチの裏の始末

刺しはじめの糸も刺し終わりと同様に始末しましょう。

①

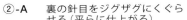

②-A　裏の針目をジグザグにくぐらせる（平らに仕上がる）

②-B　かがって始末する（しっかり止まる）

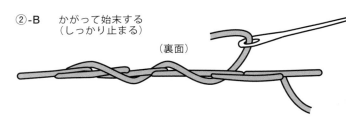

○針から糸が抜けやすくて刺しにくい場合の糸の通し方

1本どりで抜けやすいときは糸を動かないように留めてからステッチすると、作業がしやすくなります。

①針に糸を通す。

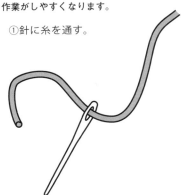

②短い側の糸に針を刺し、くぐらせる。

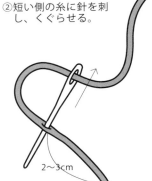

③糸の長い側を引く。糸が止まって抜けなくなる。

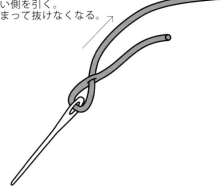

これは便利！チャートの見方と刺し方

✳クロスステッチとバックステッチが重なる場合

先にクロスステッチを刺し、バックステッチ（あるいはホルベインステッチ）はあとから刺します。バックステッチは、渡る糸が長くなりすぎないように注意しましょう。

■ チャートでの表し方

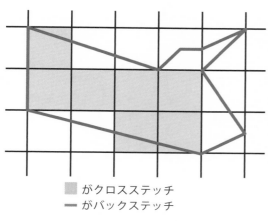

　□ がクロスステッチ
　━ がバックステッチ

※ クロスステッチ　2本どり
　　バックステッチ　1本どり

■ クロスステッチ用リネンに2目刺しで刺したとき

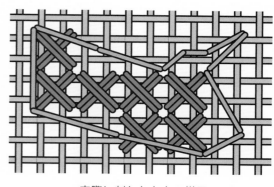

実際に刺したときの様子

▶ スリー・クォーターステッチとハーフ・クロスステッチを理解する

◢の表記には、スリー・クォーターステッチと、ハーフ・クロスステッチがあります。
½ステッチと明記されることもあります。

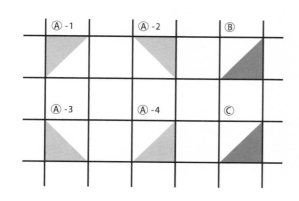

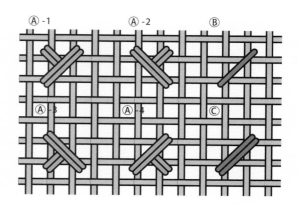

Ⓐ-1　斜めの長いステッチとそれに直角に交わるステッチ半分で1マスの半分を三角に埋める。
Ⓑ,Ⓒ　ハーフ・クロスステッチ
　　　　クロスステッチの×の半分、斜めだけのステッチ。
　　　　1本どりで遠くの景色や影を表現することも。

クロスステッチでつむぐ懐かしい子ども時代
── フランスのレトロでかわいい図案130点 ──

2024年 4月25日　　初版第1刷発行

著者　　　　ペレット・サモイロフ（ © Perrette Samouïloff）
発行者　　　西川正伸
発行所　　　株式会社グラフィック社
　　　　　　〒102-0073 東京都千代田区九段北1-14-17
　　　　　　Phone: 03-3263-4318　Fax: 03-3263-5297
　　　　　　https://www.graphicsha.co.jp

印刷・製本　　　図書印刷株式会社

乱丁・落丁本はお取り替えいたします。
本書掲載の図版・文章の無断掲載・借用・複写を禁じます。
本書のコピー、スキャン、デジタル化等の無断複製は著作権法上の例外を除き禁じられています。本書を代行業者等の第三者に依頼してスキャンやデジタル化することは、たとえ個人や家庭内での利用であっても著作権法上認められておりません。

図案の著作権は、著者に帰属します。図案の商業利用はお控えください。あくまでも個人でお楽しみになる範囲で節度あるご利用をお願いします。

本書の作品写真は、フランス語版原著に基づいています。本書のチャートと一致しない部分もあります。イメージカットとしてご参照願います。

本書では、「ハーフクロスステッチ」を「ハーフステッチ」と表記しています。

ISBN 978-4-7661-3841-2 C2077

Printed and bound in Japan

制作スタッフ

翻訳・執筆　　　　　　　　　　　　　柴田里芽
監修・目数チャート・技法ページ制作　安田由美子
組版・トレース　　　　　　　　　　　石岡真一
カバーデザイン　　　　　　　　　　　北谷千顕（CRK DESIGN）
編集・制作進行　　　　　　　　　　　南條涼子（グラフィック社）

材料に関するお問い合わせはこちらへ

ディー・エム・シー株式会社
〒101-0035 東京都千代田区神田紺屋町13番地 三東ビル7F
TEL: 03-5296-7831　FAX: 03-5296-7883
WEBカタログ www.dmc.kk.com